学记

从专业知识到教育智慧的实践探索

李道强 著

沈阳出版发行集团
沈阳出版社

图书在版编目（CIP）数据

学记：从专业知识到教育智慧的实践探索 / 李道强著 .-- 沈阳：沈阳出版社，2024.5
 ISBN 978-7-5716-3926-6

Ⅰ.①学… Ⅱ.①李… Ⅲ.①中学 – 教学改革 – 文集 Ⅳ.① G632.0-53

中国国家版本馆 CIP 数据核字（2024）第 081167 号

出版发行：	沈阳出版发行集团｜沈阳出版社
	（地址：沈阳市沈河区南翰林路 10 号　邮编：110011）
网　　　址：	http://www.sycbs.com
印　　　刷：	廊坊市印艺阁数字科技有限公司
幅面尺寸：	170mm×240mm
印　　　张：	11.5
字　　　数：	180 千字
出版时间：	2024 年 5 月第 1 版
印刷时间：	2024 年 5 月第 1 次印刷
责任编辑：	黄　莹
特约策划：	汗青文化
封面设计：	琥珀视觉
版式设计：	首安祥
责任校对：	李　巍
责任监印：	杨　旭

书　　　号：	ISBN 978-7-5716-3926-6
定　　　价：	68.00 元

联系电话：024-24112447
E-mail：sy24112447@163.com

本书若有印装质量问题，影响阅读，请与出版社联系调换。

做思政课教学探索的有心人
（代序）

◆ 李晓东

在我的印象里，道强老师是个忙人，教学和管理的各种事务都挺多的。所以，当知道他要去新加坡学习的时候，我还是颇有些诧异的。那么长时间的学习，虽然机会难得，但挑战也是显而易见的。当他把这本成果拿给我看的时候，我就更加诧异了。他的时间是怎么挤出来的，居然可以在这么有限的时间里，完成这样的挑战？

细细读过之后，诧异变成了佩服。道强老师很刻苦，也很用心。日常生活的点滴感悟，经过思考的深度锤炼，就变成了流淌于指端的科研探索。那些被很多人熟视无睹的日常，都成了他思考和探索的着眼点与发力点。这就让我不禁感慨：只有做有心人，才能有所成就、有所作为！

做有心人，就要有一双发现的眼睛。能在看似重复劳动的教学日常中，发现研究的落点和抓手，是需要发现的眼睛的。就道强老师所研究的内容而言，很多老师会觉得并不陌生，甚至很多都是感同身受、都在经历的。那为什么他能把这些看似平常的内容变成了教学研究的内容，并取得这样的成果？这需要发现的意识，也需要发现的智慧。

做有心人，就要有一双勤劳的双手。很多时候，很多老师并不缺少对教学过程的感受、体验与思考，但就是没有动手动笔的意识与习惯。所以，那些富有生气的感受，就变成了一闪即逝的念头，没有发挥其应有的作用。道强老师的所思所感让我们看到了另一种处理方式，看到了勤于笔耕的实际效果。

做有心人，就要有一种探索的智慧。道德与法治课的教学研究，在当下开展得并不少。但如何找到新意，如何发挥与自身结合的特长，是一个需要仔细考虑的问题。这就是探索的智慧所要表达的意思。道强老师的研究是充满智慧的。他围绕自己教学主张的形成和完善，建构了自己研究的体系化认识，形成了对关键问题的深入思考和全面呈现，也让我们有机会看到这个研究历程中的那些闪光点。

做有心人，就要有一种坚持的意志。教学不易，教研更难。只有在困难的时候不断勉励自己，才有可能走出困难，成就更好的自我。在这一点上，道强老师是一个令人敬佩的榜样。从成为北师大的国培学员开始，我有幸见证了他的坚持，也见证了他的成长。本书是一个脚印，更是他在教研道路上坚定前行的明证。有了这样的坚持，才有更加辉煌的未来。祝福道强老师的新成就，也期待看到他继续坚持的新未来。

不敢称序，一点细碎的想法，与各位读者一起分享。

（作者为北京师范大学马克思主义学院副教授，大中小学德育一体化国家教材建设重点研究基地专职研究员）

前 言

2020年1月3日，带着对祖国的眷恋，带着领导的厚爱，带着亲人的嘱托，我们乘飞机来到新加坡南洋理工大学攻读教育管理硕士，踏上了一条充满挑战和艰辛的海外求学之路。南洋理工大学是世界著名学府，我们就读于国立教育学院（NIE）。

根据《山东省教育厅关于实施齐鲁名师、齐鲁名校长建设工程人选新加坡教育管理硕士培养项目的通知》（鲁教师函〔2019〕30号），面向第四期齐鲁名师建设工程人选、第三期齐鲁名校长建设工程人选遴选90人，分两批赴新加坡南洋理工大学国立教育学院攻读教育管理硕士。我们是第一批，包括齐鲁名师、齐鲁名校长工程人选48人。这次学习是一个非常难得的机会，是山东省实施科教兴鲁战略的重要举措。

来到新加坡学习，经常遥望北方，思念家乡。我的朋友经常通过微信和我联系，鼓励我学习，提醒我注意做好疫情防护，告诉如果需要帮助尽管说话。

学习历程中，新加坡南洋理工大学国立教育学院为我们的学习配备了优秀的师资队伍，开设了优质的教学课程，提供了优良的师资。在NIE学习期间，我们感受到老师们严谨的治学态度和卓越的教学水平，感受到南洋理工大学领导对我们的关心。张延明博士毕业于哈佛大学，学贯中西，为我们阐释《易经》之美；周孙铭教授思维敏锐，洞察社会，为我们解读经济学的奥秘；陈慧萍博士温文尔雅，系新加坡国立大学哲学博士，曾访学英国牛津大学和剑桥大学，为我们呈现了新加坡教育政策之美；程元善博士曾经留学加拿大，他以幽默风趣的语言，通过大量翔实的资料，列举了大量的故事、案例，深入浅出、贴近实际、风趣幽默，让我们领略了国际知名学者的风范，让我们在轻松愉快的氛围中掌握了基本的研究方法和程序。NIE的老师们以自己的睿智博学和人格魅力影响着我们每一个学员，并陪伴着我们走过学习。

在新加坡期间，在美丽的南洋理工大学校园，我的硕士论文导师陈亚凤博士面对面对我指导；我回国后，2020年11月7日下午，通过zoom软件，陈博士，与我视频对话，对硕士论文一稿进行再次指导。从论文选题到材料的收集，到形成文字，是一个艰辛的过程，每一个环节，我们的硕士论文导师陈亚凤博士都给予我悉心的指导，让我受益匪浅。

新加坡美丽的自然风光，新加坡绚烂的多元文化，新加坡人民的热情友善，都给我们留下美好的回忆。

回顾我在新加坡的留学历程，我把学习到的理论与自己的思考形成文字，形成书稿《学记——从专业知识到教育智慧的实践探索》，目的是增强工作本领、提高解决实际问题的水平。

只争朝夕，不负韶华。我一定不犹豫、不懈怠、不畏难，以"时不我待"的紧迫感、"分秒必争"的危机感、"回报家乡"的责任感，撸起袖子加油干！

我要立足本校的教学实际，深入教学一线，在工作岗位上深入践行学习成果，努力发挥引领作用，为山东省基础教育事业做出更大贡献！

目录 / CONTENTS

第一部分　初中道德与法治体验性教学研究初探

初中道德与法治体验性教学研究 ··· 002
第一章　《初中道德与法治体验性教学研究》课题简介 ··· 004
第二章　《初中道德与法治体验性教学研究》课题研究主体部分 ······························· 005
　　第一节　课题研究问题 ·· 005
　　第二节　研究背景和文献综述 ·· 005
　　第三节　课题研究程序 ·· 013
　　第四节　研究发现 ·· 020
　　第五节　分析和讨论 ··· 022
　　第六节　研究的建议 ··· 023
第三章　《初中道德与法治体验性教学研究》课题主要成果 ······································ 025
　　第一节　初步形成了"三生"道德与法治（以下简称"三生"道法）
　　　　　　教学主张 ·· 025
　　第二节　提升了教师的教科研能力 ·· 026
　　第三节　形成了初中道德与法治体验性教学模式 ··· 027
　　第四节　实现了教师专业成长 ·· 028
　　第五节　形成一系列物化成果 ·· 029
　　第六节　学生评价体系进一步完善 ·· 029
　　第七节　提升了学生学业成绩 ·· 030
　　第八节　学生实现知、情、意、行的统一 ·· 030

· 001 ·

第九节　初步形成初中道德与法治综合素质评价体系 …………………… 031

第十节　形成部分优秀教学设计 …………………………………………… 031

第二部分　初中道德与法治体验性教学定量研究

我所在学校管理方面的革新：基于人文关怀的
　　九年一贯制学校教学管理模式初探 ………………………………… 040
在改革大潮中砥砺前行
　　——滨州市中考改革的实践与探索 ………………………………… 047
初中道德与法治体验性教学定量研究计划书 …………………………… 053
直面问题不回避　敢于担当破难题 ……………………………………… 058
当前中小学劳动教育中存在的问题以及基于实施意见的解决策略
　　——以滨州经济技术开发区第一中学为例 ………………………… 064
影响九年一贯制学校教育质量提升的因素以及解决策略
　　——以滨州经济技术开发区第一中学为例 ………………………… 069
对滨州经济技术开发区第一中学人力资源管理问题的思考 …………… 076
学生评价实践活动要素分析以及改进方向
　　——以《公民基本权利》一课学生评价为例 ……………………… 082
加强生态型领导　建设生态型校园
　　——以滨州经济技术开发区第一中学为例 ………………………… 091

第三部分　初中道德与法治体验性教学研究学路历程

从滨州到新加坡 …………………………………………………………… 100
坚定制度自信 ……………………………………………………………… 101
只争朝夕，不负韶华 ……………………………………………………… 101
中国商品，海外走红 ……………………………………………………… 103
重返学生时代 ……………………………………………………………… 104

让创新之花在教学管理中绽放	105
新加坡基础教育与我国基础教育比较	106
绿水青山就是金山银山	108
从《学记》中感受教育经典的魅力	109
用先进教育理念引领教学实践	111
掌握21世纪技能，要从教室开始	113
培育人文素养　涵养教师气质	115
参赞老乡送温暖　异域他国更亲切	116
"十个目标"为教师插上成长的翅膀	117
感受人文涵养的意义	118
做一个有人本思想的教师	119
"元亨利贞"对现代教育管理的启示	121
新加坡春节——异国他乡的年味（一）	123
新加坡春节——异国他乡的年味（二）	124
新加坡社会研究教材和我国道德与法治教材的比较	
——以新加坡中三社会研究教材为例	125
新加坡春节——异国他乡的年味（三）	126
初学《周易》	127
在步行中感受人文之美	128
领悟《易经》哲理　增强忧患意识	129
教育，新加坡国家竞争力提升的法宝	131
让变革原则服务教学工作	132
新加坡六年级《好品德　好公民》与我国小学《道德与法治》教学的比较	135
在课程中感受新加坡教育政策	139
感受经济学的魅力	141
艰难的学习经济学	142
借鉴他国教育政策　推进我国教学改革	143
强化交流　展现风采（一）	145

强化交流　展现风采（二）……………………………………………… 147
强化交流　展现风采（三）……………………………………………… 147
一分耕耘　一分收获……………………………………………………… 148
刻苦地学习经济学………………………………………………………… 149
做友好交往的使者………………………………………………………… 151
致敬，uncle……………………………………………………………… 151
复习经济学《大学质量与培训》………………………………………… 152
告诉学生，要学好英语…………………………………………………… 153
生命因奋斗而美丽………………………………………………………… 154
学习教育科研方法………………………………………………………… 155
感受诚信…………………………………………………………………… 156
偶遇电信诈骗……………………………………………………………… 157
感受教育科研方法的魅力………………………………………………… 157
感受名校长学校管理的魅力……………………………………………… 158
聆听导师的教诲…………………………………………………………… 159
来自远方的指导…………………………………………………………… 160
基于育人目标　开发学校课程…………………………………………… 160
开启《教育领导学》的学习旅程………………………………………… 161
学习《新加坡教育政策》（一）………………………………………… 162
学习《新加坡教育政策》（二）………………………………………… 163

附录：从专业成长走向生命成长
　　——一位初中道德与法治老师的成长 ……………………………… 165
后记 ……………………………………………………………………… 171

▶▷第一部分
初中道德与法治体验性教学研究初探

　　新时代，党和国家强调初中阶段重在开展体验性学习。开展初中道德与法治体验性教学研究，是全面提高思政课质量和水平，落实立德树人根本任务的必然要求。

　　本部分，基于作者对初中道德与法治体验性教学研究以及在新加坡南洋理工大学读教育管理硕士的学习内容，以硕士论文的形式，呈现了作者对初中道德与法治体验性教学研究的研究问题、研究程序、研究背景的认识和取得的主要成果。

初中道德与法治体验性教学研究

摘　要：通过本课题研究，探索适合初中道德与法治体验性教学方式的课程目标、教学内容、教学实施方式、课程评价方式等，打造基于提升学生核心素养的体现政治引领和价值引领的高效课堂，从而落实立德树人根本任务。在教育教学实践方面的特色和创新。一是设置体验性教学的课程目标；二是创设体验性教学的情景课堂；三是开发和使用体验性教学的案例。本课题的核心概念是体验性教学，是指引领学生在教学情境中体验，全面提升学生思想政治理论素养，实现知、情、意、行的统一。目前学界的研究成果主要集中在体验性教学的含义等方面，但是在如何设置体验性教学的课程目标、如何创设体验性教学的情景课堂、如何开发和使用体验性教学的案例等方面都很少涉及，有待于进行深入研究。通过一年多的初中道德与法治体验性教学研究，基本形成基于提升学生核心素养的体现政治引领和价值引领的高效课堂，学生树立了立德成人、立志成才的意识有所增强，初步树立正确世界观、人生观、价值观。初步形成了"三生"道德与法治教学主张，初步形成了初中道德与法治体验性教学模式。

关键词：政治引领和价值引领　体验性　立德树人

Abstract：Through the research of this subject, this essay explores the curriculum objectives, teaching contents, teaching implementation methods and curriculum evaluation methods suitable for the experiential teaching methods of morality and rule of law in junior high schools, and creates an efficient class based on improving students' core literacy to embody political guidance and value guidance, so as to carry out the fundamental task of creating people by virtue. The characteristics and innovations in the practice of education and teaching are as follows: One is to set up the curriculum goal of experiential teaching. Second, the creation of experiential teaching scene class. Third, the development and use of experiential teaching cases. The core concept of this subject is experiential teaching, which refers to leading students to experience in the teaching situation, comprehensively improving students' ideological and political theoretical literacy, and realizing the unity of knowledge, emotion, intention and action. At present, the academic research results mainly focus on the meaning of experiential teaching, but how to set up the curriculum objectives of experiential teaching, how to create situational classroom of experiential teaching, how to develop and use experiential teaching cases are rarely involved, which need to be deeply studied. Through moral and rule of law experience teaching research in junior high school for more than a year, basically based on the promotion of students' core literacy to reflect the political guidance and value guidance of the efficient class, students set up a sense of virtue, determination to become a talent has been strengthened, initially setting up a correct world outlook, outlook on life, values. The teaching idea of "san sheng" morality and rule of law is formed, and the experiential teaching mode of morality and rule of law in junior high school is formed.

Key words: political leadership and value-led experience

第一章 《初中道德与法治体验性教学研究》课题简介

　　通过本课题研究，打造基于提升学生核心素养的体现政治引领和价值引领的高效课堂。推进本课题研究，引导学生立德成人、立志成才，树立正确世界观、人生观、价值观。目前学界的研究成果主要集中在体验性教学的含义、意义、分类、存在问题、实施步骤和路径等方面，但是在如何设置体验性教学的课程目标、如何创设体验性教学的情景课堂、如何开发和使用体验性教学的案例等方面都很少涉及，有待于进行深入研究。

　　本课题的核心概念是体验性教学，是指引领学生在教学情境中体验，全面提升学生思想政治理论素养，实现知、情、意、行的统一。本课题的研究对象是初中道德与法治课的教学方法，以本校 2000 名不同年级的学生为例，开展体验性教学方法研究。通过探索适合初中道德与法治体验性教学方式的课程目标、教学情景等，打造基于提升学生核心素养的体现政治引领和价值引领的高效课堂。本课题子课题设计，一是学生为本的目标定位研究；二是基于学生体验的教学设计研究；三是体验为主的组织策略研究；四是学生展示—成长记录式的评价方式研究。

　　在教育教学实践方面的特色和创新。一是设置体验性教学的课程目标；二是创设体验性教学的情景课堂；三是开发和使用体验性教学的案例。

第二章 《初中道德与法治体验性教学研究》课题研究主体部分

第一节 课题研究问题

一、《初中道德与法治体验性教学研究》课题研究目的

通过本课题研究，探索适合初中道德与法治体验性教学方式的课程目标、教学内容、教学实施方式、课程评价方式等，打造基于提升学生核心素养的体现政治引领和价值引领的高效课堂，从而落实立德树人根本任务。

二、《初中道德与法治体验性教学研究》课题研究意义

推进本课题研究，有助于学生在初中阶段打牢思想基础，有利于引导学生把党、祖国、人民装在心中，有利于学生强化做社会主义建设者和接班人的思想意识。[1]

三、《初中道德与法治体验性教学研究》课题研究假设

通过初中道德与法治体验性教学研究（学生为本的目标定位研究、基于学生体验的教学设计研究、体验为主的组织策略研究、学生展示—成长记录式的评价方式研究），打造基于提升学生核心素养的体现政治引领和价值引领的高效课堂，引导学生立德成人、立志成才，树立正确世界观、人生观、价值观，引导学生把党、祖国和人民装在心中，强化做社会主义建设者和接班人的思想意识。

四、《初中道德与法治体验性教学研究》课题核心概念

本课题的核心概念是体验性教学，是指引领学生在教学情境中体验，全面提升学生思想政治理论素养，实现知、情、意、行的统一。

第二节 研究背景和文献综述

一、研究理论基础

2019年8月14日，中共中央办公厅、国务院办公厅印发了《关于深化新

时代学校思想政治理论课改革创新的若干意见》的文件，文件强调："遵循学生认知规律设计课程内容，体现不同学段特点，初中阶段重在开展体验性学习。[1]"

这是我们党统筹推进思政课课程内容建设的重要举措。这要求我们坚持用习近平新时代中国特色社会主义思想铸魂育人，这要求我们加强爱党、爱国、爱社会主义、爱人民、爱集体方面的教育，强化爱国和爱党、爱社会主义相统一方面的教育。通过体验性教学研究，进行中国特色社会主义和中国梦宣传教育，强化政治认同、家国情怀教育；积极开展法治教育，增强学生法治意识；渗透社会主义核心价值观教育，融入劳动教育、心理健康教育、中华优秀传统文化教育，提升学生道德修养水平；在初中道德与法治体验性教学中落实立德树人的根本任务。

中小学阶段是学生世界观、人生观、价值观形成的关键时期。讲好中小学思政课，引导中小学生扣好人生第一粒扣子，是每位中小学思政课教师的神圣职责和光荣使命。[2]

义务教育质量事关亿万少年儿童健康成长，事关国家发展，事关民族未来。完善德育工作体系，认真制定德育工作实施方案，深化课程育人、文化育人、活动育人、实践育人、管理育人、协同育人。我们必须坚持德育为先，教育引导学生爱党、爱国、爱人民、爱社会主义；坚持全面发展，为学生终身发展奠基；坚持面向全体，办好每所学校、教好每名学生；坚持知行合一，让学生成为生活和学习的主人。[3]

推动思想政治理论课改革创新，要不断增强思政课的思想性、理论性和亲和力、针对性。要坚持政治性和学理性相统一；坚持价值性和知识性相统一；坚持建设性和批判性相统一；坚持理论性和实践性相统一；坚持统一性和多样性相统一；坚持主导性和主体性相统一；坚持灌输性和启发性相统一；坚持显性教育和隐性教育相统一。[4]

青少年阶段是人生的"拔节孕穗期"，最需要精心引导和栽培。我们办中国特色社会主义教育，就是要理直气壮开好思政课，用习近平新时代中国特色社会主义思想铸魂育人，引导学生增强中国特色社会主义道路自信、理论自信、制度自信、文化自信，厚植爱国主义情怀，把爱国情、强国志、报国行自觉融入坚持和发展中国特色社会主义事业、建设社会主义现代化强国、实现中华民族伟大复兴的奋斗之中。[4]

新时代赋予新使命，新征程期待新作为。基于以上认识，我们根据教育发展规律和教育现代化的基本要求，着眼长远、顺势而为，以创新的思路和举措推进初中道德与法治教学革故鼎新，推进初中道德与法治教学体验性教学研究，为实现教育强省，办好人民满意的教育注入新的生机与活力。

二、研究相关文献综述

1.渤海大学教育硕士盛佳晨主要研究了体验性教学的含义，分析了思想品德课体验性教学的理论基础和必要性，并且结合当前思想品德课的现状，分析思想品德课体验性教学的实施过程。2016年6月，他撰写文章，论述了"思想品德课体验性教学的意义与指向"。[5]他的文章主要论述了思想品德课体验性教学的实施过程，缺乏对学生的价值引领。

2. 2011年5月，何垠主要研究体验性教学的概念及行动初始思考，"结合实践将体验性教学下的中学思想品德课行动初步分为四个步骤，分别为：尝试情境、发现问题、团体思考、理性回归"。[6]何垠研究的是基于体验性教学的概念，分析了中学思想品德课中的行动关系和行动步骤，强调了学生亲身经历、亲身感悟，但是对如何设计体验性教学的目标没有涉及。

3.内蒙古师范大学的刘燕平主要研究了体验性教学的含义、分类以及意义。2010年6月，他撰写的文章指出，"体验性教学是在教师指导下，让学生通过身体性的活动或情感上的共鸣亲自体验，获得直接经验，引起内心触动，从而更深刻地理解教学内容，更好地促进学生道德内化的教学形式。在《思想品德》课中实施体验性教学，不仅符合当前课程改革的需要和思想品德课程本身的要求，有助于落实思想品德课的三维目标，而且符合初中学生的心理特点，易引起学生的兴趣，提高课堂效率"。[7]他研究了体验性教学的分类和意义，缺乏对体验性教学目标的研究。

4.菏泽医学专科学校的李铮老师主要研究了政治课体验教学的困境与实施途径。2017年12月，他撰写的文章指出，"政治课的体验性教学是学生深化认识和获得情感的重要途径，也是政治教学理论联系实际的主要形式。但由于认识的缺乏和条件的限制，政治课的体验性教学和学习还流于形式。政治课的体验性教学要创新体验途径"。[8]李铮老师的研究，强调通过亲身参加教学实践、研究性学习等方式，学生在体验性学习中激发情感，缺乏对在课堂上设计体验性教学情境的研究。

5. 张彩霞老师主要研究体验性教学路径。2015年4月，她在《初中思想品德课体验教学研究》一文中指出，"一是整合课程资源，丰富体验内容。应树立融合、开放、发展的课程资源观，创造性地使用教材资源，有效开发生活中的教学资源，深入挖掘中华优秀传统文化中的德育资源，不断加强与其他课程的有机联系，形成思想品德教育的合力。二是优化教学过程，创新体验方式。要充分利用现代教学手段，灵活运用多种教学方法"。[9]张老师的研究立足一线教学实际，强调开展主题实践活动，突出师生对话，侧重过程性评价，具有一定的可操作性，但是对如何开发体验性教学案例涉及很少。

6. 2015年5月8日，河北师范大学的宋计飞，在《中学思想品德生态体验教学研究》一文中，他提出思想品德课生态体验教学的实践路径。"一是思想品德课生态体验场创设的生态体验性。包括：选取具有生态多样性的体验场；选择具有生态针对性的体验场；引导选择生态差异性的体验场。二是思想品德课教学内容选取的生态体验性。包括：以课程目标为依据选取教学内容；以师生实际情况为基础选取教学内容；以师生生态德行发展为目标选取教学内容。三是思想品德课教学过程的生态体验性。包括：新课导入的生态体验性；师生互动的生态体验性；节奏把握的生态体验性；课堂结尾的生态体验性。四是强调思想品德课教学评价的生态体验性。包括：评价主体的生态多元；评价内容的生态多样；评价方式的生态综合。[10]"他以生态体验性教学为研究目标，在分析与研究思想品德生态体验性教学相关概念界定的基础上，努力在宏观上构建了思想品德课生态体验性教学体系，但是缺乏对道德与法治课堂体验性教学微观方面的研究。

7. 2019年5月，西南大学的刘桂侠在《美国中小学的体验式学习及启示》一文指出，"小学阶段的教育以学生的真实感知为基础，注重为学生提供真实体验的机会和激发学生的学习兴趣；中学尤其是高中阶段的教育以学生的真实体验为基础，注重为学生提供在新情境中检验所学知识的机会，注重学生知识、技能的内化吸收。美国中小学体验式学习的实施经验可为我国基础教育课程改革提供如下启示：进一步树立和推广体验式学习理念；创设学生进行真实体验的教学环境；注重实施基于学生体验式学习的表现性评价"。[11]他主要研究了体验式教学在美国教育文化中的渗透,只是谈到了美国中小学体验式学习的实施经验对我国基础教育的启示,缺乏对我国初中道德与法治课堂体验性教学的研究。

8. 2017年6月,广西师范大学附属中学的蒋廷玉老师在《我国思品课标和新加坡中学品格与公民教育课标比较研究》一文中指出:"第一,思品课标课程内容应更加重视生活化,更加重视学生的自身体验和学习过程,更加重视实践活动环节设计,淡化体系性、框架性知识点铺陈。第二,品格与公民教育课标规定的课程内容不是靠抽象理论、'高大上'原则、制度来实现,而是把重心落在做有修养的新加坡公民上,因而在内容上紧密结合学生身边的事件、人和环境,使学生在特定的情境中体验以形成良好的行为习惯、品德操守、公民意识和价值观念。"[12]蒋廷玉老师在宏观上研究了新加坡中学品格与公民教育课标对学生体验的要求,对我国如何创设体验性教学的情境课堂涉及较少。

9. 2006年12月,东北师范大学的高楠对中国—新加坡学校德育进行了比较,他指出:"通过社会实践活动强化学生的情感体验,在潜移默化中达到德育的目的;在德育过程中充分发挥学生的主体性,实施以人格现代化为目标的德性养成教育。"[13]他的研究强调改进爱国主义教育形式,强化爱国主义教育,努力培育民族精神,他希望改革僵化的"教条"式德育课程,但是对在课堂教学中如何实施体验性教学涉及较少。

10. 2017年,北京燕山向阳小学的崔宁老师对在体验中培养学生的道德情感进行研究时指出,"一是关注德行能力,在体验中发展情感;二是关注已有认知,在体验中深化情感;三是关注未来发展,在体验中升华情感"。他强调,"道德情感不能靠灌输,只有通过亲身体验才能真正成为学生的精神财富。学科教师要善于挖掘有价值的课程资源,创设学生喜爱的学习活动,让体验融入教学的全过程,使学生在积极主动的参与中,认识得到发展,能力得到培养,道德情感得到提升"。[14]他的研究,注重在发展学生思维能力、探究能力和实践能力的过程中,激发学生自内心的道德情感,但是缺乏对如何设计体验性教学目标的研究。

11. 2017年,河北省怀来县存瑞中学的李明,介绍了建设生成性课堂的经验,强调学生的体验、参与和感知,强调解决问题要靠学生,学生是学习的主体，学生在参与教学活动中感悟体验，进而寻求解决问题的方式。[15]他的研究，强调营造供学生体验的生活情境，引领学生在感受参与中形成良好的道德情感，但是缺乏对体验性课堂教学的具体案例设计的研究。

12. 2016年12月，江苏省淮安市洪泽实验中学的骆殿兵老师研究基于乡土实践活动，提升学生核心素养的路径，指出，"举办模拟法庭，培养'记得住'的'法治意识'，通过开展模拟法庭，开拓学生交流的平台，实现师生互动,让学生在实践活动中感受法律的尊严，体验到如何将知识内化为见识，从而生成学法、守法、护法的正能量，自觉成为社会主义法治建设的参与者、遵守者和捍卫者"。[16]骆殿兵老师提出的"举办模拟法庭"等做法，是提升学生核心素养的路径，但是没有把初中道德与法治学科体验性教学方法作为专门的研究对象。

13. 2018年6月，山东师范大学的戴洁，对初中道德与法治课进行了"体验式教学"应用研究，他的研究主要由以下几部分构成："一是引言。包括研究背景、意义、国内外研究现状、研究方法以及创新之处。二是'体验式教学'概述以及运用'体验式教学'的价值。三是'体验式教学'在初中道德与法治课的应用中所存在的问题。问题包括：重视程度不够，体验流于形式；教师专业化水平不足，把控能力有所欠缺；缺乏对体验结果的考察，难以确定体验效果。四是'体验式教学'在'爱在家人间'框题教学中的应用。"[17]他的研究，分析了"体验式教学"的含义、理论基础以及特点，从学生的角度、教师的角度和所学教材的角度，分析了"体验式教学"的应用价值。但是对"体验式教学"案例的开发，仅仅体现在"爱在家人间"这一个案例。

14. 2013年8月，渤海大学的燕月孟和庆男，研究了思想政治课的体验性教学活动，他们认为体验性教学适合思想政治学科，指出了体验性教学有主体性、主动性、过程性等特点，同时提出体验性教学活动和体验性学习活动在实施过程中存在一定问题，这些问题需要学校和老师共同努力。"体验性教学活动存在的问题：一是来自教师传统的教学理念与先进的教学理念的冲突；二是来自课时与教学任务的冲突；三是来自只强调学生学习知识和思想品德培养的冲突。体验性学习活动存在的问题：一是来自传统的知识学习方法与先进的知识学习方法的冲突；二是来自年级间的冲突。体验性学习活动在高一和高二的思想政治课课堂上或许能看见踪影，但在高三课堂上，几乎无处寻找；三是来自学生主动接受与抵触心理的冲突。"[18]针对以上问题，研究者只是在学校、教师、学生三个层面，提出了深化体验性教学活动的改进措施。思想政治学科体验性教学还需要进一步研究，不断改进，真正引领学生积极探究，在体验过程中获取提升核心素养水平。

15. 2017 年 11 月，福建省漳平市桂林逸夫小学的郭海英老师研究了品德与社会课体验性教学，"一是课前体验，诱发'心动'。教师在上课前根据教学的需要给学生布置预习作业，学生根据教师的要求做课前调查。二是课堂体验，促进'情动'。包括角色体验，实践体验，模拟体验。三是课后体验，促使'意动'。教师要根据具体的教学内容、学生的实际情况，让学生课后走进生活，把课堂上掌握的道德意识转化为道德行为，达到知行合一"。[19]她的研究，主要针对课堂教学，努力创设生活情境，把学生带入特定的生活情境中，引领学生和情境中的角色一起活动，让学生在亲身实践中获得道德认知，提升道德水平。

16. 2017 年 8 月，山东省昌邑市柳疃镇柳疃初级中学的孙述波老师，论述了体验性教学对思想品德课的重要性，"思想品德课只有让学生产生了相应的体验，他们才能理解和感悟这些知识的价值和意义，并将之内化为自己的行为准则。开展体验式教学，老师要把课堂还给学生，要懂得欣赏学生、倾听学生的意见，为学生创造展示"。[20]他的文章强调课内体验和课外体验，以及其对学生在体验中得到情感的投入、心灵的共鸣和思想品德的升华的作用。

17. 2018 年 8 月，江西省遂川县瑶厦中学的王忠模和谢春香对中学物理学科开展体验式教学进行研究，认为学习物理的过程中，进行体验式教学，让学生在学习中得到深刻的体验，对提升学生的科学素养有重要意义。他们在研究中指出，"以学生为主，引导学生参与实验过程。在教学过程中，教师应当尊重学生在体验式教学中的主体地位，发挥学生的主体作用，鼓励学生进行自主探究性学习，营造和谐轻松的课堂氛围，帮助学生在体验式教学中充分感受学习的快乐，让学生树立'我要学'的学习态度。尊重学生的想法，让学生自己动手进行实验。教师应巧设教学情境，让学生在独特的情境中去体验、去感受，摒弃'单向式'、'一刀切'等教学模式，让学生轻松学到知识"。[21]他们主要强调了体验性在中学物理教学中的实现路径。

18. 2012年11月，南京师范大学附属中学的周久璘，对体验性教学的内涵及流程进行了研究，指出"体验是一种活动，也是一种过程，它可分为间接体验与直接体验两个维度。体验性教学是体验与教学的有机结合，它能够真正落实三维课程目标，体现学习过程的本质，具有丰硕的教学生成，促进教学智慧的丰富。体验性教学的一般流程包括：创造体验的情境、让学生自主体验、进行经验的交流、实现经验的升华"。[22]他主要分析了"体验"的含义，体验性教学的内涵，在理论上说明了体验性教学的一般流程。

19. 2013年1月，上海市莘庄中学的李国兴，分析了"体验性教学的理论依据，体验性教学实施的目标、策略与方法，在学科教学中实施体验性教学的路径"，[23]他所在学校提出的"构建学生体验性课程特色的实践研究"项目，有利于提升教学水平，落实教学的三维目标，提升学生的综合素养水平，但是没有把初中道德与法治学科体验性教学作为研究对象进行研究。

20. 2018年12月，辽宁省丹东市经山小学的温冬梅，研究了体验性教学的发展历程，提出了体验性教学的实施路径。指出，"一是情感体验，感知成功的喜悦；二是实践体验，学会探究知识；三是生活体验，感悟知识应用；四是设置情境，激发学习兴趣"。[24]她阐述了教师该如何理解并有效实施体验性教学的实践和体会。

21. 2004年5月，北京教科院基教研中心的王立新老师和北京教育学院丰台分院刘润泽老师对体验性教学方式在政治课教学中的应用进行了研究，主要分析了如下方面："一是体验性教学方式的含义及种类，即真实生活的体验学习方式、虚拟生活的体验学习方式、真实体验与虚拟体验结合的学习方式；二是体验性教学方式的特点；三是实施体验性教学方式的意义，能为将来培养高素质的创新人才奠定基础，有利于促进学生个体社会化的完成，有利于培养学生科学精神与合作精神，有利于培养学生综合能力，有利于学生实现终身学习；四是体验性教学方式应该注意的问题，体验性教学方式的实施需要一定的物质条件，体验性教学方式要注重实效性，体验性教学方式的实施需要教师具备一定的素质。"[25]他们面对新世纪的要求，思考教育存在的问题，探索了在政治课教学过程应该推进体验性教学方式，但是，研究是主要针对分类和实施体验性教学的意义和注意事项。

综合来看，目前学界的研究成果主要集中在体验性教学的含义、意义、分类、存在问题、实施步骤和路径等方面，在如何设置体验性教学的课程目标、如何创设体验性教学的情境课堂、如何开发和使用体验性教学的案例等方面都很少涉及，有待于进行深入研究。

第三节 课题研究程序

一、研究设计

（一）核心概念、研究内容和框架

1. 核心概念

本课题的核心概念是体验性教学，是指引领学生在教学情境中体验，全面提升学生思想政治理论素养，实现知、情、意、行的统一。

2. 研究内容和框架

（1）研究对象。本课题的研究对象是初中道德与法治课的教学方法，以本校2000名不同年级的学生为例，开展体验性教学方法研究。

（2）主要目标。通过探索适合初中道德与法治体验性教学方式的课程目标、教学情境、教学案例与实施、课程评价等，打造基于提升学生核心素养的、体现政治引领和价值引领的高效课堂，开拓和挖掘有利于对学生实现政治引领和价值引领的教学资源，在教学中突出政治启蒙，全面提升学生思想政治理论素养，实现知、情、意、行的统一。

（3）子课题设计。一是学生为本的目标定位研究；二是基于学生体验的教学设计研究；三是体验为主的组织策略研究；四是学生展示—成长记录式的评价方式研究。

（4）重点难点。本课题研究的重点在于如何打造体现政治引领和价值引领的体验性的高效课堂。本课题研究的难点在于如何让政治引领和价值引领更加贴近学生，贴近生活，贴近实际，引导学生把党、祖国、人民装在心中，强化做社会主义建设者和接班人的思想意识。

（二）课题研究思路与研究方法

1. 本课题研究的理论假设。通过开展初中道德与法治体验性教学研究，引导学生立德成人、立志成才，树立正确世界观、人生观、价值观，引导学生把党、祖国、人民装在心中，强化做社会主义建设者和接班人的思想意识。

2.本课题研究的计划。本课题的研究时间为2019年9月至2021年8月。计划分为三个阶段：准备阶段（2019年9月至10月）、实施研究阶段（2019年11月至2021年5月）和总结阶段（2021年6月至8月）。

3.本课题研究的实施步骤。准备阶段的主要工作是成立课题组、搜集文献资料、对课题进行论证、拟定课题研究初步方案并对课题申报进行设计。本阶段预期成果是前期论证、填写评审书。实施研究阶段的主要工作是培训课题组成员，撰写、修正课题研究方案，实施研究方案，进行研究实践。本阶段预期成果是撰写调查报告、教学案例、课题研究论文等。总结阶段的主要工作是对实验结果进行分析总结，撰写报告和论文，整合材料，准备结题评审鉴定。本阶段预期成果是课题结题报告、课题论文集等。

4.本课题研究的可行性分析。我们课题组对课题研究非常感兴趣，具有较好的基础。我们已经主持或参与了多项课题研究，为我们对本课题的研究提供了宝贵经验。我们收集到了比较多的相关资料和书籍等。我校建有全区最大的红色文化教育基地；我市有渤海烈士陵园等有利于开展课题研究的资源。

（三）课题预期研究成果与创新之处

1.预期研究成果

本课题成果形式主要有以下几种：一是《初中道德与法治体验性教学研究报告》；二是研究论文《初中道德与法治体验性教学的路径》；三是初中道德与法治体验性教学设计。

通过本课题的研究，进一步落实以学生为本的理念，使我校初中道德与法治课堂落实立德树人根本任务的功能得以强化。课题研究成果会向其他学校推广，课题研究成果将对周围地市乃至全省学校产生明显辐射作用。

通过本课题研究，引导学生立德成人、立志成才，树立正确世界观、人生观、价值观，增强中国特色社会主义道路自信、理论自信、制度自信、文化自信，厚植爱国主义情怀，把党、祖国、人民装在心中，强化做社会主义建设者和接班人的思想意识，把爱国情、强国志、报国行自觉融入坚持和发展中国特色社会主义事业、建设社会主义现代化强国、实现中华民族伟大复兴的奋斗之中。

2. 创新之处

（1）在思想观点方面的特色和创新。以往类似的课题研究，主要是强调开展体验性教学的意义、实施过程等，但是没有把政治引领和价值观教育与体验性教学融合在一起进行研究。中共中央办公厅和国务院办公厅印发的《关于深化新时代学校思想政治理论课改革创新的若干意见》（以下简称《意见》）指出，坚持思政课在课程体系中的政治引领和价值引领作用，统筹大中小学思政课一体化建设，推动各类课程与思政课建设形成协同效应。《意见》强调初中阶段重在开展体验性学习。基于以上《意见》精神，我们开展本课题研究，即在教学中努力体现政治引领和价值引领，引导学生立德成人、立志成才，引领学生开展体验性学习，从而强化学生政治认同，厚植学生家国情怀，从而提升学生的核心素养。这将填补该方面研究的空白。

（2）在研究方法方面的特色和创新。将文献法、讨论法、案例分析归类法等与信息技术手段相结合。例如，为了推进课题研究，课题组成员先后查阅渤海大学教育硕士盛佳晨等21位老师的关于体验性教学的文献。课题组成员利用每周三上午的教研活动时间讨论课题研究的相关内容。

（3）在教育教学实践方面的特色和创新。一是设置体验性教学的课程目标。在课题研究中，基于课程标准，坚守教材的核心价值，体现国家意志，在确立"情感态度价值观、能力、知识"目标时，努力体现确立体现政治引领和价值引领；二是创设体验性教学的情境课堂。改变教学的方式，创设情境，引领学生体验，引导学生从"教的课堂"转变为"学的课堂"，引领学生自主学习、合作学习，实现"从被动到主动，从低效到高效"的变革，从而增强人文底蕴，培养科学精神，培育核心素养，落实立德树人根本任务；三是开发和使用体验性教学的案例。开发和使用体验性教学的案例需要拓宽学科教育资源，树立大课程观，利用爱国主义教育基地、公益性文化设施、专题教育社会实践基地等，开发不同主题的体验性活动案例，培养学生热爱祖国，热心公益，亲近社会，遵纪守法，承担责任，在体验、践行中实现知行统一，树立家国情怀。

（四）课题研究进度安排

2019年9—10月为准备阶段。本阶段的主要工作：成立课题组，搜集文献资料，对课题进行论证，拟定课题研究初步方案，并对课题申报进行设计。

本阶段预期成果：前期论证、填写评审书。

2019年11月至2021年5月为实施研究阶段。本阶段的主要工作：培训课题组成员，撰写、修正课题研究方案，实施研究方案，进行研究实践。本阶段预期成果：撰写调查报告、教学案例、课题研究论文等。

2021年6—8月为总结阶段。本阶段的主要工作：根据实验目标，对实验结果进行分析总结，撰写课题研究报告和论文，整合材料，准备结题评审鉴定。本阶段预期成果：课题结题报告、课题论文集等。

（五）课题研究组织分工

课题研究的分工包括四个方面，一是学生为本的目标定位研究，负责人是李道强、曲琳、李传宏老师；二是基于学生体验的教学设计研究，负责人是杨建芬、游花叶老师；三是体验为主的组织策略研究，负责人是赵海霞和吴海涛老师；四是学生展示—成长记录式的评价方式研究，负责人是韩彬彬、刘丙兰和杨立芬老师。

（六）课题研究保障措施

1. 学术简历：课题负责人在相关研究领域的主要学术积累和贡献等。

26年的教学生涯中，课题主持人李道强老师一直坚持在教学第一线，专注于课程建设和教学改革。基于学生，基于生活，基于课标，他积极探索基于提升学生核心素养的道德与法治学科教学方式，通过情境体验、合作探究、展示点拨等方式，让核心素养之花在道德与法治课堂绽放。

他始终坚持"不让一个孩子掉队"的理念，从事班主任工作22年，致力于建设幸福班集体。从事毕业班教学工作22年，教学成绩优异。多次在全市执教公开课。所执教微课，获得山东省微课评选一等奖。所主持省级课题《思想品德回归生活实践研究》《课堂教学渗透社会主义核心价值观研究》顺利结题。

课题组成员都是各校教学骨干，有丰富的教学实践经验，也有极高的工作热情和创新意识，在各级各类教学比赛中获得优异成绩。韩彬彬老师在全市获得优质课一等奖，并负责学生管理工作，游花叶、赵海霞、曲琳等老师获得区优质课一等奖，曲琳老师担任教研组长，游花叶老师多篇论文在省级刊物发表，并在全市执教公开课，获得全区三八红旗手称号。杨建芬老师在全市执教公开课。课题组成员老师积极参加上级各级培训活动，不断提高自己的理论和业务水平，这些为课题研究提供了充足的研究基础。

2. 研究基础：课题负责人前期相关研究成果、核心观点及社会评价等。

前期相关研究成果：2014年，课题主持人主持的省级课题《思想品德教学回归生活实践研究》，并且顺利结题。2014年7月，由光明日报出版社出版了专著《寻找教育的真谛》。近年来，在核心期刊《中学政治教学参考》发表了《开展新教育实验的几点探索》《让学生的思维随时代的脉搏跳动》《当前农村初中思想品德教学存在问题及建议》，在核心期刊《思想政治教学》发表了《人性化作业设计》等文章。

前期相关研究核心观点：学生所要学习的内容可以从学生的个人经验、生活实践的实际中引发出来。学生要在自己的生活实践中，培养和践行社会主义核心价值观，才能健康成长为社会主义建设的有用之人。

前期相关研究社会评价包括以下几个方面。

一是对成果的自我评价。该成果有利于学生在自主合作、体验探究中建构、体认、感悟、形成道德；有利于丰富教学形式，活跃课堂气氛，激发学习兴趣，浓厚学习氛围；有利于充分挖掘家庭、社会教育资源，让学生在开放的课堂中提升品德修养的同时，增强公民意识、创新精神和实践能力。

二是已经了解到的社会反映。已经了解到的社会反映有：从教师角度来说，前期相关研究，梳理、整合思想品德课程实施的内容，将之趣味化、人本化、生活化，为丰厚思想品德课程体系、教师实施思想品德课程提供有效途径。从学生角度来说，相关研究倡导学生主动参与、乐于探索、乐于动手，培养学生搜集和处理信息的能力，获取新知识的能力，分析和解决问题的能力以及交流合作的能力；课题实验有利于培养学生的社会责任感，努力为人民服务；培养学生具有初步的创新精神，实践能力、科学和人文素养以及环境意识。

3. 承担项目：负责人承担的各级各类科研项目情况，包括项目名称、资助机构、资助金额、结题情况、研究起止时间等。

2015年，课题主持人主持的省级课题《思想品德教学回归生活实践研究》顺利结题，无资助机构和资助金额。2017年，课题主持人主持的省级课题《课堂教学渗透社会主义核心价值观研究》顺利结题，无资助机构和资助金额。

4. 条件保障：包括人员结构、资料准备、科研设备和制度保障、经费保障等。

类别	组长	副组长	组员
领导小组	马学锋	李传宏	曲琳、李传宏、杨建芬、游花叶、韩彬彬、赵海霞、刘丙兰、杨立芬
实施小组	李道强	曲琳	李传宏、杨建芬、游花叶、韩彬彬、赵海霞、刘丙兰、杨立芬

课题经费纳入学校经费预算，学校每年对参与课题研究的教师进行经费上的支持，供教师购买研究资料、互相交流学习之用。

学校制定了《初中道德与法治体验性教学研究》课题研究方案，明确规定了课题研究实施目标、操作流程、实施步骤、保障措施，进一步提高教师推进《初中道德与法治体验性教学创新研究》课题研究的能力，使教学更加优质高效。学校《教师教育科研考核细则》将课题研究列入教科研考核。

学校每周进行一次教研活动，为教师进行课题的研究提供了时间保障。

二、研究对象

本课题的研究对象是初中道德与法治课的教学方法，以本校2000名不同年级的学生为例，开展体验性教学方法研究。因为参与课题的成员是我校的所有道德与法治学科教师，他们所上课的班级都是课题研究的参与者。

三、课题研究方法

基础理论研究主要采取文献法、行动研究法、讨论法、案例分析归类法等。内容与形式研究主要采取文献法、讨论法、访谈法、经验总结法，并结合实践尝试和案例对比分析法。例如，我们采用了文献法，为做好课题研究，我们查阅了20多篇关于体验性教学的文献。又如，在课题研究中，我们采用了行动研究法，课题组成员基于研究道德与法治体验性教学的需要，与专家及课题组成员共同合作，将体验性教学作为研究的主题，进行系统的研究，从而提升初中道德与法治学科的教学质量。

四、技术路线

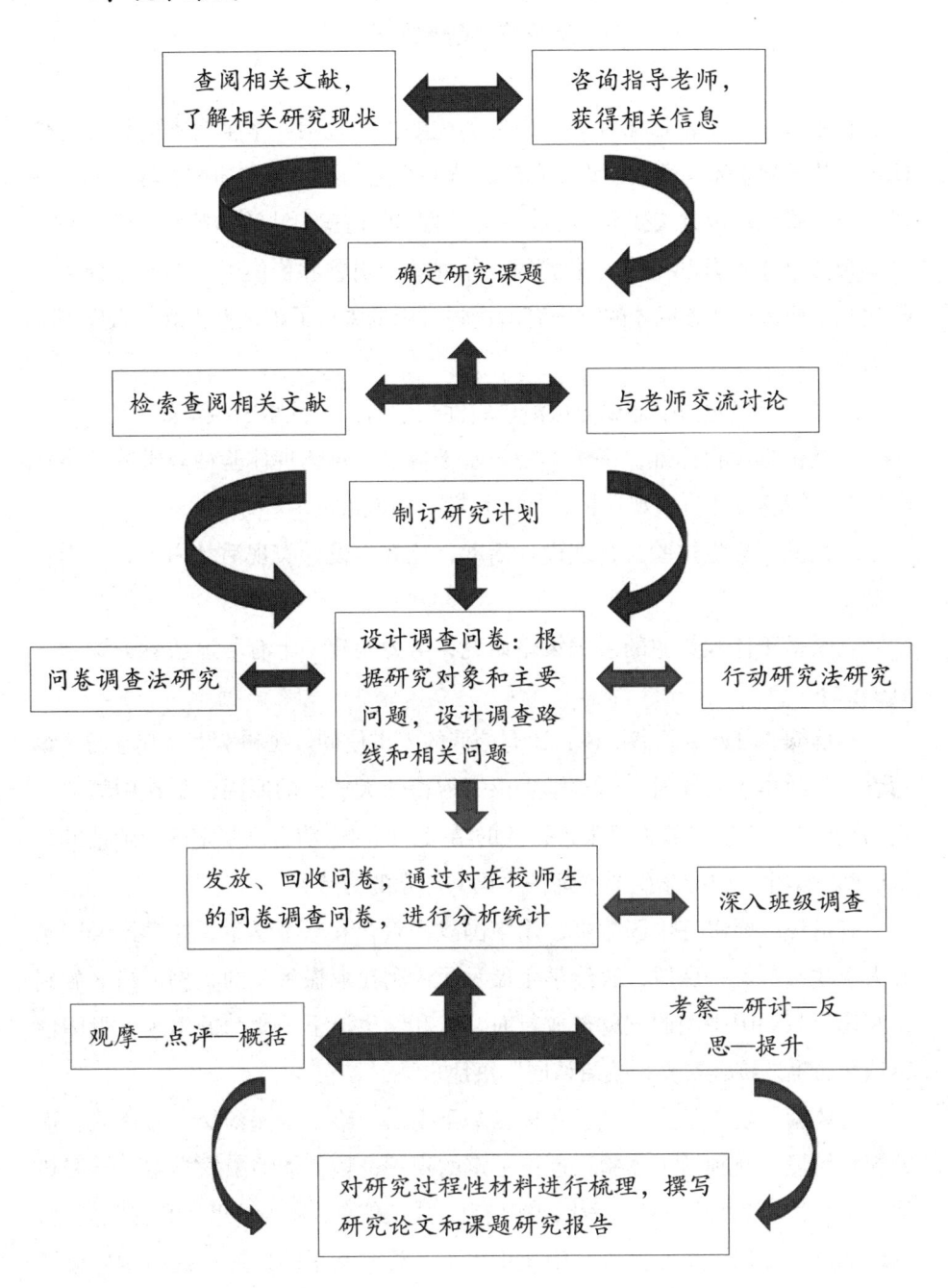

```
查阅相关文献，         咨询指导老师，
了解相关研究现状  ⇄   获得相关信息
        ↘         ↙
          确定研究课题
              ↑
检索查阅相关文献  ⇄  与老师交流讨论
              ↓
          制订研究计划
              ↓
问卷调查法研究  ⇄  设计调查问卷：根据研究  ⇄  行动研究法研究
                  对象和主要问题，设计调
                  查路线和相关问题
                      ↓
              发放、回收问卷，通过对在校师生  ⇄  深入班级调查
              的问卷调查问卷，进行分析统计
                      ↑
观摩—点评—概括  ⇄           ⇄  考察—研讨—反思—提升
                      ↓
              对研究过程性材料进行梳理，撰写
              研究论文和课题研究报告
```

第四节　研究发现

初中道德与法治体验性教学研究的主要内容包括：学生为本的目标定位研究，基于学生体验的教学设计研究，体验为主的组织策略研究，学生展示—成长记录式的评价方式研究。通过一年多的初中道德与法治体验性教学研究，基本形成基于提升学生核心素养的、体现政治引领和价值引领的高效课堂，学生立德成人、立志成才的意识有所增强，初步树立了正确世界观、人生观、价值观。

通过一年多的初中道德与法治体验性教学研究，获得的经验如下：

一是依据课程标准，基于学情，基于科学确定体现体验性教学的三维教学目标（情感态度价值观目标、能力目标、知识目标）。

二是基于学生体验，合理设计活动，让教学设计实现活动内容化，内容活动化。

三是基于体验为主的组织策略研究，努力构建"十有"道法魅力课堂。具体如下：

有信仰。习近平总书记说，让有信仰的人讲信仰。在和学生一起学习《续写春天的故事》一课时，引导学生感悟取得伟大成就的原因，是在中国共产党的领导下，全国各族人民艰苦奋斗的结果，同时表明自己坚定的政治信仰，从而感染学生，引导学生树立拥护中国共产党的情感。

有情怀。要讲好中国故事，用中国故事教育和感染学生。在学习《国家好大家才会好》一课时，我给学生展示了"利比亚撤侨"的案例，当播放到在利比亚只要唱中国国歌就被放行时，我和学生流下了激动的泪水，爱国情感油然而生，核心素养"政治认同"落地。

有体验。基于学生，基于课标，基于生活，给学生深刻的学习体验。借助视频情境，引领学生体验；创设一定的视频情境，能够激发学生的学习热情，引发学生的情感体验，学生理解信息、加工信息，积极地思考和探究问题，主动地建构知识，从而促进学生认识水平和思维水平的发展；提高学生灵活运用所学知识的能力。设计教学活动，引领学生体验；例如学习《集体生活邀请我》一课时，设计课堂活动"托蛋宝宝"，让学生在活动中体验，引导学生感受到集体力量的伟大。借助榜样示范，引领学生体验。榜样的力量是无穷的。榜样对于初中学生来说，则具有更为独特的意义和价值。例如执教《为了集体的发展》一课时，教师为学生提供了一个在学生身边就可以学习的榜样——赵俊哲，设置了四个情境：情境一：周一，俊哲穿着整洁的校服参加升旗仪式。情境二：周二，学校越野赛，俊哲积极地为运动员加油助威。情境三：周三，几个没完成作业的学生抄袭别人的作业。俊哲勇敢地站出来制止他们。情境四：周四，俊哲在电视中看到中国运动员夺得冠军，自觉唱国歌。借助俊哲在生活中的一些表现，引导学生予以简要评价，通过感知榜样和评价榜样的行为，促使学生反思自己的行为，从而有助于把"为集体添光彩"的道德要求借助榜样示范转化为道德践行。

有视野。按照习近平总书记的要求，一节好的思政课要聚焦时政热点，例如在学习《实施科教兴国战略》一课时，播放嫦娥四号发射成功的视频，或者组织时政教育主题班会，或者开展时政播报活动，让学生的思维同时代的脉搏一起跳动，从而树立爱党爱祖国的情感。

有人格。有人格，才有吸引力。在学习《爱在家人间》一课时使用教师自己为母亲洗脚的视频，点燃学生心灵的火花，在浓浓亲情中达成教学目标。

有艺术。基于学生，提升"教师精讲"艺术；基于生活，提升"导入、收尾"艺术；基于教材，提升"板书设计"艺术。

有文化。要让优秀传统文化熏陶学生。例如在学习《合同是当事人之间的法律》时，给学生展示古代的"合同印"，使原本枯燥的教学充满画面感和文化味，让学生在愉悦的心境中达成教学目标。

有次序。有次序指能够采用板块方式进行教学，板块之间的过渡紧凑、自然。例如执教《公民基本权利》这一课时，设计了"情境导入、明示目标，体验学习、合作探究，质疑问难、展示点拨，盘点收获、拓展延伸，回归生活、提升素养"五个环节，让教学思路清晰，让结构建构合理。设计精而适量的活动，设计贴近生活、贴近学生的情境，设计思维含量高的问题，从而启迪、开拓学生的思维，让整个教学过程优化顺畅。

有生成。预设与生成融为一体，课堂因生成而精彩。例如在执教《自由平等的真谛》一课时，设计教学活动：假如你是今年滨州市人民代表大会的人大代表，在维护社会平等方面，你会提出哪些建议？这样搭建学生思考的平台，培植了课堂的生成的沃土，也让学生以主人翁的态度去思考平等，维护平等。

有实效。努力做到知识与能力的同步发展，认知与情感和谐发展。例如，在执教八年级上册《善用法律》一课时，设计了教学情境："放学后，文豪同学发现几个社会青年正在勒索一个本校的学生琳琳，要琳琳同学交保护费，并声称，'如果不交，就狠狠地揍她'。"设问：如果你遇到这种行为，你会怎么做？说说你的理由。学生交流后，分享了自己的做法：要及时告诉老师或者报警，原因是应对违法犯罪，要有勇有谋。在教学中，学生不仅丰富了知识，增长了终身学习的能力，有利于良好品质和正确价值观的形成。

四是学生展示——成长记录式的评价方式研究初见成效。借力电子综合评价系统，初步形成我校初中道德与法治学生综合素养评价系统。学生通过查看自己的综合素质报告单，知晓自己的发展情况，有利于学生合理安排自己的课余时间；有利于学生发展自己的特长，凸显个性；有利于学生针对自己的弱点，进行追赶。

第五节 分析和讨论

一年多的课题研究中，我们在研究中学习，在学习中反思，在反思中提升，品尝着成功带来的快乐，我们在收获着探讨着。基于课题研究，我们做了以下分析和讨论：

（1）初中道德与法治体验性教学的推进需要家庭、学校、社会密切配合，如何将课堂教学和社区服务、实践活动相结合，这有待继续探讨和研究。

（2）如何基于本课题研究，让道德与法治课堂进一步彰显并增强国家意识和国情观念？如何完善评价机制，面向每一个孩子，着眼于每一个学生在原有基础上更好地发展？如何设计实践性作业，帮助学生树立正确的人生观、价值观？如何通过呈现党和国家事业在各方面取得的历史性成就，引导学生坚定"四个自信"？这还需要我们在课题研究中不断探索。

第六节　研究的建议

一、与课外活动和社区服务相融合

"在新加坡教育系统里，课程辅助活动及社区服务扮演至关重要的角色。学生从小学三年级开始、初中到高中，甚至大专院校，都必须参加上述活动。这些活动对学生全人发展，品格塑造，培养对社区、国家的奉献精神起着积极的作用。近年对学生价值的判断已经不复停留在考试成绩的层面，他们在课程辅助活动及社区服务的表现同样受到重视。"[26]

课题《初中道德与法治体验教学创新研究》中，对课堂教学中的体验性教学研究较多，对课堂之外的体验性教学研究较少。借鉴新加坡教育强调课程辅助活动和社区服务的经验，将体验性教学和体育、艺术和科技课程、辅助活动相结合，与社区服务相结合，努力将体验性教学延伸到课外，努力为"为学生创造经验，让他们对自己的价值观及想法进行反思。期望学生能够把学到的知识和技能深化内化，经思考、分析并决定后，应用在不同的情境"。[26]从而引导学生跨越不同课程和不同年级，满足学生的多元化兴趣，促进学生与社会融合，从而培养团队精神、自律能力及社会责任感。

二、进一步改革对学生的评价机制

课题研究中，结合学校综合评价系统的使用，进行了学生展示—成长记录式的评价方式研究，但是评价结果的运用，还没有真正与学生的升学挂钩。借鉴新加坡的经验，将学生在课内、课外的体验性活动的表现及时进行评价，及时公示，接受社会的监督，评价结果作为学生升学的重要参考依据。

建议动态调整评价量表，结合课题研究，结合我校开展的高效课堂建设，对评价维度进行调整，增加课堂评价、小组讨论、激情展示、作业完成情况等项目。

三、努力实现学科教学的家校互动

新加坡小学"好品德　好公民"学科在每节课的结尾设计"家庭时间"。学校、家庭和社区不是相互孤立的教育"孤岛"，而是彼此联系、互相补充的"环岛"。成长不仅仅是孩子的事情，也应该是父母、教师、社会的事情。法治意识的培养，只有家庭、学校密切合作，才会取得最佳的教育效果。借鉴新加坡的教学经验，我们在初中道德与法治课教学中设计家—校互动，将教学活动延伸到课下，延伸到学生的家庭和生活。例如，在执教部编教材八年级下册《依法行使权利》这一节课之后，设计课后活动"家庭时间"：

放学回家后，让学生向家人说一说以下内容：1. 在《依法行使权利》这节课中自己所参与的探究分享活动。2. 告诉他们自己在课上学了哪些维权的方式。3. 向家人说一说自己在学校所认识的人中，哪一位是依法行使权利的模范。4. 生活中，哪些人因为没有依法行使权利而受到法律制裁。

这种做法，将学校教育和家庭教育相融合，将课堂教学延伸到家庭，增加了教学的宽度。"家庭时间"也是家长陪伴孩子成长的时间，能形成一个强大的教育磁场，让参与者实现精神共振。家长在与孩子的沟通交流中，既实现了父母、孩子的共同成长，又让"法治意识"滋润着学生的心田，从而提升学生"法治意识"方面核心素养。

四、让研究为教学服务

要扩展研究成果。要把学生的实际变化作为研究成果，研究成果要坚决克服唯分数、唯升学、唯文凭、唯论文、唯帽子的顽瘴痼疾。实验前后，做一个测量，本课题要和校本教研结合起来，要基于校情、学情，服务一线教学，让研究真正为教学服务，为学生成长奠基。

要助力教师成长。本课题研究的目的放在教师专业发展，最终指向学生发展，引导学生成才，让学生真懂真信，落脚到提高教学质量上去。所以本课题研究要正确处理学生发展和教师发展的关系，努力落实立德树人根本任务。基于本课题研究，相关研究教师要学习经典教育理论著作，学习体验性教学研究的理论文章，汲取丰富营养。例如学习山东省教科院张彩霞老师的文章《初中思想品德课体验教学研究》等。

第三章 《初中道德与法治体验性教学研究》课题主要成果

第一节 初步形成了"三生"道德与法治（以下简称"三生"道法）教学主张

1. "三生"道法教学的核心理念。帮助学生过积极健康的生活，做负责任的公民是道法课程的核心；初中学生逐步扩展的生活是课程的基础；坚持正确的价值观念的引导与学生独立思考、积极实践相统一是课程的基本原则。习近平总书记强调，办好思想政治理论课关键在教师。

基于课题《初中道德与法治体验性教学研究》，提出了"三生"道法教学主张。"三生"即"生活、生态、生本"，要求基于生活、尊重规律，以生为本，为学生的幸福和发展奠基，落实立德树人根本任务。

"三生"道法教学的核心理念是永远关注学生需求，将"生活、生态、生本"融入课程、教学、评价之中，使学生产生主动学习的意愿和能力，进入主动积极的深度学习状态。它是道法学科落实"以人为本"，提升学生道法学科核心素养的尝试。

生活、生态、生本，三者既相互补充，又相互促进。"三生"道法教学让学生由感官满足的浅层"愉悦"，触及学生本质、学科本质、学习本质及发展本质，进而实现学科育人，最终落实立德树人的根本任务。

2. "三生"道法教学的实施。"三生"道法教学从学生实际出发，贴近学生贴近生活，贴近实际，把学生的"学"作为出发点，把教会学生学习、提升学生核心素养作为教学的主要价值追求，通过创设生活化的活动，使道法教学情境化、生活化、活动化，道法课堂变成了充满思想，充满观点，充满关怀，充满智慧，充满文化，充满艺术的"精神家园"。

3. "三生"道法教学课堂文化。越是敢于质疑的学生，其主体作用越能得到充分的发挥。培养学生提问题是素质教育的一个主要方面，善不善于提出和思考问题，在很大程度上是检验一个人是否具有创造才能的重要尺度。为了鼓励学生大胆发言，敢于质疑，李道强老师常对学生讲："小疑则小进，大疑则大进。"在他的带动下，教师们将学法指导融入课堂教学之中，以内容定学法，以学法定教法，以教法导学法，实现了学生从"学会"到"会学"的转化，进而形成了学生主动发现、主动研究、主动探索、好学善问的课堂学习文化。

4. "三生"道法教学追求。"三生"道法教学坚持德育为先，教育引导学生爱党爱国爱人民爱社会主义；坚持面向全体，办好每所学校、教好每名学生，不让一个孩子掉队；把提升学生的核心素养作为课堂教学的最高追求，树立科学质量发展理念，通过生活化的教学活动，现代化的教学手段，激发学生学习热情，引导学生在"活动"中学、在"实践"中思考、在"思考"中创新，引领学生肯学、想学、学会、会学和乐学，为学生终身发展奠基。

5. "三生"道法教学过程。"三生"道法教学，遵循教育规律，努力扭转教学过程片面应试教育倾向，切实提高育人水平，让学生成为生活和学习的主人。"三生"道法教学的教学过程是：运用经验，情境导入；自主学习，合作探究；质疑问难，展示点拨；盘点梳理，拓展提升；回归生活，学会践行。

6. "三生"道法教学评价。"三生"道法教学将观察、描述性评语、谈话、成长记录、考试等评价相结合，以学科核心素养为统领，关注学生学习的全过程，依托滨州市学生评价系统，对学生在校内、校外不同时段的学习特点进行了专门的评价与指导，并辐射到其他学科。

第二节　提升了教师的教科研能力

1.提升了备课水平。备课时，教师明确知识在整个专题中的作用、地位；明确重点、难点及关键，全面把握，整体了解，使自己站在一个战略制高点上认识和把握学生。我们形成了"三备两研四统一"制度。

每节课都要经过"个人初备"（一备）—"集体一研"（二备）—"个人复备"（三备，形成个人复备教案）—"集体二研"（形成常规课教案）四道程序方可完成。"个人初备"：集体备课时每位老师要有自己的初备手稿，初备手稿是由老师自己完成，不可雷同。"集体一研"：备课组长安排好每天的主备先行人，一人主讲，轮流坐庄。"个人复备"：研讨的时候在个人初备的基础上进行修改，形成个人复备教案。"集体二研"：自主安排时间，进行全组的"集体二研"，全体教师修改自己的复备教案，形成常规课教案，之后上好常规课。

"三备两研"先行制度要求定时间、定地点、定内容、定中心发言人。集体备课要做到"四备"：备教材，备学生，备教法，备学法。组内每位老师要积极参与集体备课活动，各抒己见，充分讨论，统一认识，实行教学上的"四统一"，即：统一教学目标，统一重点、难点，统一教法，统一体验性活动。

2. 提升了听评课水平。一是初步实现有效评课，即："评"的依据须有效；"评"的标准须有效；"评"的内容须有效；"评"的方法须有效。评课至少找出两点问题。二是实现了有效听课。即：一听教师的讲或活动；二听教师的导；三听教师的"问"；四听学生的答；五听教师的评；六听听课教师的反映。听课教师做好听课笔记和评议记录，加强与执教教师的交流研讨。

第三节　形成了初中道德与法治体验性教学模式

基于课题《初中道德与法治体验性教学研究》，形成了符合我校校情、学情的初中道德与法治体验性教学模式。该模式包括五个教学环节：运用经验、激情导入，自主体验、探究分享，质疑问难、展示点拨，盘点收获、拓展提升，回归生活、巩固提高。

该模式强调"构建模式，但不模式化"的思想，注重创设情境，引领学生在课上体验，引导学生在课后践行。就班级人数的现状，采取前后两排 4 人或 6 人为一个大组，小组内构建 AABB 小组模式，即每组内的 2 人为更小的合作小组，一个为"博师"，另一个为"学友"，进一步提高合作效率。

该模式充分体现以生为本的理念，先学后教，以学定教，教是为了不教，引导学生肯学、想学、学会、会学和乐学，在学生的体验中培养学生的创新精神和实践能力，从而提升学生思想政治理论素养。

第四节　实现了教师专业成长

1.树立了核心素养意识。2016年9月，教育部颁布《中国学生发展核心素养》，明确学生的"核心素养"由"文化基础、自主发展、社会参与三个方面引领，构建起全面发展的人"。在初中道德与法治体验性教学研究中，参与研究人员树立了"核心素养意识"，注重激发学生自主学习的兴趣，培养学生自主学习的方法、习惯，提升学生自主学习的能力、素质，使学生自主学习核心素养有明显发展，努力实现课内课外结合、家校互动融合师生共同成长，从而提高教学质量。

2.进一步强化了课程标准意识。课程标准是学科教学也是命题的航向标。课题组教师认真学习课程标准，全面准确地把握课程标准的要求，在教学中尝试让学生从基础知识的学习过程中提出问题，多问几个为什么，让学生在学习中思考，在思考中发现问题、提出问题、分析问题和解决问题；在课题实验过程中，注重学生搜集、整理、阅读、分析、处理信息和理论联系实际等基本能力的培养。

教师在课堂教学中精心设计课堂教学过程。只要是能激发学生的学习兴趣，帮助学生建立行之有效的学习策略，还能给学生提供充分的参与学习活动的机会；激发学生的学习兴趣，指导学生形成有效的学习方法，帮助学生养成良好的学习习惯，不断获得成功体验，达到改变学生学习方式之目的的方法都是好的、有效的方法。

3.相关教师成长的要求更强烈。在课题研究的推动下，近两年来，我校课题研究教师20人次参加山东省远程研修活动；参加各种学科竞赛活动和教师才艺展示活动40余人次。课题研究搭建了教师成长的平台，挖掘教师发展潜力。我们在实验过程中，根据课题的研究的需要，积极动员和组织课题组教师广泛学习有关改革的文件、文章及各种材料，并认真撰写学习心得，形成一定的学习制度。为了提高研究人员的教研水平，我们还重视骨干教师和年轻教师的培训提高工作，选派优秀教师带着课题、领着任务，走出校门参加培训学习。如韩彬彬、李道强、游花叶、曲琳、杨建芬等都曾经先后到济南、临沂参加培训、学习，每次外出学习的成员归来后要写心得体会。李道强、杨建芬先后在全市执教公开课，曲琳、赵海霞、吴海涛都承接了区级公开课，其他成员都承担了校级的公开课。每次公开课后，大家都要积极评课。我们课题组还充分利用网络资源，督促课题组成员积极参加网络教研活动。在两年多的课题研究中，各位成员都付出了辛勤的劳动，取得了巨大的收获，提高了全体教师的研究水平。

第五节　形成一系列物化成果

据不完全统计，在课题研究期间，课题组教师获得省级奖项 2 次，市级奖项 5 次，区级奖项 10 项。课题组成员积极撰写教学反思，积极参加各种教学研讨活动。

2019 年 5 月，李道强在全市执教观摩课《培育壮大新动能　实现高质量发展》。2019 年 12 月，在全市教学研讨会上作了专题发言《核心素养导向下的安全教育》。2020 年 2 月，在核心期刊《思想政治课教学》发表论文《让法治意识之花绽放》。李传宏老师撰写了《认识自己》教学设计；崔晓岚老师撰写了《拒绝毒品诱惑》教学设计。2019 年 2 月，游花叶获得学校教科研先进个人；2019 年 4 月，执教市观摩课《自由平等的真谛》；2019 年 5 月，赵海霞老师在全区执教公开课《推进生态文明，建设美丽中国》；2019 年 12 月，优秀教学案例《凝聚价值追求》获全区一等奖，优秀教学案例微课《我和宪法》获全区二等奖。

第六节　学生评价体系进一步完善

2018 年，滨州市教育局开始推行清华附中的评价系统，我们课题组结合自己学校的特点，增加适合自己学校的评价维度和指标。结合课题研究，对评价维度进行调整，增加了课堂评价、小组讨论、激情展示、作业完成情况等项目；在实践创造维度，还增加了学生参加家务劳动，经典阅读、民俗调查、研学活动等内容，在品德发展维度中增加了文明行为、教室寝室卫生、爱护公物、礼貌待人、爱惜粮食、路队整齐等项目。借助综合素质评价体系，学生展示—成长记录式的评价方式初步形成。

第七节 提升了学生学业成绩

本课题研究促进了学生学业水平的提高,为学生的终身学习打下良好的基础。全校的初中道德与法治学科教学发展成效显著。

课题实验前后初中道德与法治质量抽测成绩分析
(以 2017 级学生为例)

类别	年份	本校学生平均成绩(分)	对比学校成绩(分)
实验前	2019—2020 年第一学期	62.1	61.2
实验后	2019—2020 年第二学期	65.6	62

第八节 学生实现知、情、意、行的统一

我们以课题研究为载体,通过开展或参加一系列的实践活动,挖掘有利于对学生实现政治引领和价值引领的教学资源,在教学中突出政治启蒙,全面提升学生思想政治理论素养,实现知、情、意、行的统一。

实验前后初中学生行为变化分析(以 2017 级学生为例)

类别	学期	认真参加升旗仪式(%)	积极做家务(%)	积极参加社区活动(%)	考试作弊(%)
实验前	2019—2020 年第一学期	89.5	78.5	68.5	2.3
实验后	2019—2020 年第二学期	98.1	85.2	80.2	1.0

以上数据来自调查问卷。(问卷见附录)

第九节　初步形成初中道德与法治综合素质评价体系

我们积极"建立监测平台，定期发布监测报告"。[27]基于本课题研究，课题组积极推进电子评价系统，可以结合自己学校的特点，增加适合自己学校的评价维度和指标。结合本课题研究，对评价维度进行调整，增加了课堂评价、小组讨论、激情展示、作业完成情况等项目，初步形成初中道德与法治综合素质评价体系。评价模块和维度指标评价为学生指明了发展方向，引导学生关注自身发展，发掘自身潜能与特长，引导学生关注同伴发展，实现同伴学习与朋辈激励。

评价系统截图

第十节　形成部分优秀教学设计

在课题研究过程中，课题组教师积极撰写教学设计，并反复修改，形成了部分教学优秀教学设计。其中杨建芬老师的教学设计《自由平等的真谛》和李道强老师的教学设计《依法行使权利》具有一定的代表性。

结语

在这篇论文即将完成之际，我对初中道德与法治体验性教学研究的目的和意义及课题研究成果与创新之处有了更为清晰的认识。思政课是落实立德树人根本任务的关键课程，初中道德与法治课是思政课的重要组成部分，初中阶段重在打牢学生的思想基础，只有通过开展初中道德与法治体验性教学研究，基于学生，基于生活，基于课标，基于教材，创设生活化情境，引导学生在情境中体验，在体验中感悟，在感悟中提升，不断增强国家意识和国情观念，树立民族自尊心、自信心、自豪感，把党、祖国、人民装在心中，强化做社会主义建设者和接班人的思想意识，才能落实立德树人根本任务。在研究过程中，由于资料来源渠道有限、研究能力欠缺等因素，论文未能做到尽善尽美。如果能对新加坡学校品格与公民教育的政策进行更为深入的了解和研究，探索其与中国学校思政课教学方面间存在的差异，分析差异产生的原因，并提出更好的改进措施，或许这篇论文的质量能够更上一个台阶。因此，我更愿意将这篇论文作为自己研究中、新两国的青少年思想政治教育的开始而不是结束，希望今后对此课题进行持续的研究，通过比较和借鉴，促进中国学校道德与法治课教学改革的进一步深化，助力中国学校道德与法治课教学的高质量发展。

祝愿中、新两国青少年思想教育结出累累硕果！

注释

［1］摘自中共中央办公厅和国务院办公厅《关于深化新时代学校思想政治理论课改革创新的若干意见》。

［2］摘自教育部、中央组织部、中央宣传部、财政部、人力资源和社会保障部《关于加强新时代中小学思想政治理论课教师队伍建设的意见》。

［3］摘自中共中央、国务院《关于深化教育教学改革全面提高义务教育质量的意见》。

［4］摘自 2019 年 3 月 18 日新华网所刊发的文章《习近平：用新时代中国特色社会主义思想铸魂育人　贯彻党的教育方针落实立德树人根本任务》。

［5］摘自 2015 年《当代教育实践与教学研究》杂志所刊发的盛佳晨撰写的《思想品德体验性教学初探》。

［6］摘自 2011 年 5 月《教育教学论坛》杂志所刊发的何垠德文章《体验性教学下的中学思想品德课行动探究》。

［7］摘自 2010 年内蒙古师范大学刘燕平所撰写的硕士论文《论思想品德课中的体验性教学》。

［8］摘自 2017 年 12 月《教学与管理》杂志所刊发的李铮撰写的《政治课体验教学的困境与实施途径》。

［9］摘自 2015 年山东师范大学张彩霞所撰写的硕士论文《初中思想品德课体验教学研究》。

［10］摘自 2015 年河北师范大学宋计飞所撰写的硕士论文《中学思想品德课生态体验教学研究》。

［11］摘自 2019 年 9 月《教师教育学报》所刊发的刘桂侠的文章《美国中小学的体验式学习及启示》。

［12］摘自 2017 年 6 月《中学政治教学参考》杂志所刊发的蒋廷玉的文章《我国思品课标和新加坡中学品格与公民教育课标比较研究》。

［13］摘自 2006 年东北师范大学高楠所撰写的硕士论文《中国、新加坡学校德育比较——兼谈对我国学校德育改革的启示》。

［14］摘自 2019 年现代出版社出版的李晓东和周作茂主编的《构建充满思考魅力的德育课堂》一书，第 86—89 页。

［15］摘自 2019 年现代出版社出版的李晓东和周作茂主编的《构建充满思考魅力的德育课堂》一书，第 212—219 页。

［16］摘自 2016 年 12 月《江苏教育》所刊发的骆殿兵的文章《立足乡土实践活动　提升学生核心素养》。

［17］摘自 2018 年山东师范大学戴洁所撰写的《初中道德与法治课"体验式教学"应用研究——以"爱在家人间"框题为例》一文。

［18］摘自 2013 年 8 月《教育教学论坛》杂志所刊发的燕月和孟庆男的文章《论思想政治课的体验性教学活动》。

［19］摘自 2017 年 11 月《新教师》杂志所刊发的郭海英的文章《求真务实 返璞归真——品德与社会体验性教学三部曲》。

［20］摘自 2017 年《中国校外教育》所刊发的孙述波的文章《浅析如何让学生爱上我们的思品课堂》。

［21］摘自 2018 年 8 月《中学物理教学参考》所刊发的王忠模和谢春香的文章《体验式教学在中学物理教学中的应用研究》。

［22］摘自 2012 年 11 月《教育研究与评论》杂志所刊发的周久璘的文章《体验性教学的内涵及流程》。

［23］摘自 2013 年 1 月《基础教育参考》杂志所刊发的李国兴德文章《体验性教学：提高教学效能　实现教学价值》。

［24］摘自 2018 年 12 月《基础教育论坛》杂志所刊发的温冬梅的文章《课堂中如何实施体验性教学》。

［25］摘自 2004 年 5 月《思想政治课教学》杂志刊发的王立新和刘润泽的文章《浅谈体验性教学方式在政治课教学中的应用》。

［26］摘自 2020 年南洋理工大学陈亚凤博士的讲义《新加坡学校品格与公民教育》。

［27］摘自 2011 年北京师范大学出版社出版的《义务教育思想品德课程标准》。

参考文献

1. 著作

［1］李晓东，周作茂. 构建充满思考魅力的德育课堂［M］. 北京：现代出版社，2019: 86-89.

［2］李晓东，周作茂. 构建充满思考魅力的德育课［M］. 北京：现代出版社，2019: 212-219.

2. 期刊

［1］盛佳晨. 思想品德体验性教学初探［J］. 当代教育实践与教学研究，2015（9）.

［2］何垠. 体验性教学下的中学思想品德课行动探究［J］. 教育教学论坛，2011（5）.

［3］李铮. 政治课体验教学的困境与实施途径［J］. 教学与管理，2017（12）.

［4］刘桂侠. 美国中小学的体验式学习及启示［J］. 教师教育学报，2019（9）.

［5］蒋廷玉. 我国思品课标和新加坡中学品格与公民教育课标比较研究［J］. 中学政治教学参考，2017（6）.

［6］骆殿兵.立足乡土实践活动　提升学生核心素养.江苏教育［J］.2016（12）.

［7］郭海英.求真务实　返璞归真——品德与社会体验性教学三部曲［J］.新教师杂志，2017（11）.

［8］孙述波.浅析如何让学生爱上我们的思品课堂［J］.中国校外教育，2017（8）.

［9］王忠模，谢春香.体验式教学在中学物理教学中的应用研究［J］.中学物理教学参考，2018（8）.

［10］周久璘.体验性教学的内涵及流程［J］.教育研究与评论（中学教育教学），2012（11）.

［11］燕月、孟庆男.论思想政治课的体验性教学活动［J］.教育教学论坛，2013（8）.

［12］李国兴.体验性教学：提高教学效能　实现教学价值［J］.基础教育参考，2013（1）.

［13］温冬梅.课堂中如何实施体验性教学［J］.基础教育论坛，2018（12）.

［14］王立新，刘润泽.浅谈体验性教学方式在政治课教学中的应用［J］.思想政治课教学，2004（5）.

3. 学术论文

［1］刘燕平.论思想品德课中的体验性教学［D］.内蒙古师范大学，2010.

［2］张彩霞.初中思想品德课体验教学研究［D］.山东师范大学，2015.

［3］宋计飞.中学思想品德课生态体验教学研究［D］.河北师范大学，2015.

［4］高楠.中国、新加坡学校德育比较——兼谈对我国学校德育改革的启示［D］.东北师范大学，2006.

［5］戴洁，初中道德与法治课"体验式教学"应用研究——以"爱在家人间"框题为例［D］.山东师范大学，2018.

4. 网页

［1］习近平：用新时代中国特色社会主义思想铸魂育人　贯彻党的教育

方针落实立德树人根本任务［ER/OL］.人民网,2019-03-18. http：//politics.people.com.cn/n1/2019/0318/c1024-30982084.html.

5. 其他

［1］中共中央办公厅、国务院办公厅.关于深化新时代学校思想政治理论课改革创新的若干意见［Z］.2019.

［2］教育部、中央组织部、中央宣传部、财政部、人力资源和社会保障部.关于加强新时代中小学思想政治理论课教师队伍建设的意见［Z］.2019.

［3］中共中央、国务院.中共中央 国务院关于深化教育教学改革全面提高义务教育质量的意见［Z］.2019.

［4］陈亚凤.新加坡学校品格与公民教育讲义［Z］.南洋理工大学,2020.

［5］义务教育思想品德课程标准［M］.北京：北京师范大学出版社.2011.

附录：学生行为调查问卷

2019年初中学生行为问卷（课题实验前）

温馨提示

亲爱的同学：

你好！这是一份关于学生行为的调查问卷，目的是了解学生的情感态度价值观情况。调查结果仅供教学研究用，因此请如实填写，不要有任何顾虑。

每个问题都有四个选项，请根据实际情况，只选择其中一个选项，用2B铅笔将选项涂在答题卡上。

本问卷共2页，答卷时间10分钟。

1. 对于升旗仪式，你是（ ）

　A. 认真参加　B. 有时参加　C. 感觉无趣　D. 不愿参加

2. 关于做家务，你的做法是（ ）

　A. 非常喜欢，积极做　B. 比较喜欢，偶尔做

　C. 不喜欢，要求时才会做　D. 非常不喜欢，不做

3. 关于参加社区活动，你的做法是（ ）

　A. 非常喜欢，积极参加　B. 比较喜欢，偶尔参加

C. 不喜欢，学校要求时才会参加　D. 非常不喜欢

4. 关于考试作弊，你的做法是（　　）

A. 从不作弊　B. 自己不作弊，积极举报别人的作弊行为

C. 老师看不到的时候，偶尔作弊　D. 有过考试作弊行为

完成答卷后，请仔细检查是否有漏答现象，确定完成后再准备上交。

谢谢你的合作！

2019年9月

时间	认真参加升旗仪式（%）	积极做家务（%）	积极参加社区活动（%）	考试作弊（%）
2019年9月	89.5	78.5	68.5	2.3

2020年初中学生行为问卷（课题实验开始后）

温馨提示

亲爱的同学：

你好！这是一份关于学生行为的调查问卷，目的是了解学生的情感态度价值观情况。调查结果仅供教学研究用，因此请如实填写，不要有任何顾虑。

每个问题都有四个选项，请根据实际情况，只选择其中一个选项，用2B铅笔将选项涂在答题卡上。

本问卷共2页，答卷时间10分钟。

1. 对于升旗仪式，本学期你的态度是（　　）

A. 认真参加　B. 有时参加　C. 感觉无趣　D. 不愿参加

2. 关于做家务，本学期你的做法是（　　）

A. 非常喜欢，积极做　B. 比较喜欢，偶尔做

C. 不喜欢，要求时才会做　D. 非常不喜欢，不做

3. 关于参加社区活动，本学期你的做法是（　　）

A. 非常喜欢，积极参加　B. 比较喜欢，偶尔参加

C. 不喜欢，学校要求时才会参加　D. 非常不喜欢

4.关于考试作弊,本学期你的做法是(　　)

　　A.从不作弊　B.自己不作弊,积极举报别人的作弊行为

　　C.老师看不到的时候,偶尔作弊　D.有过考试作弊行为

完成答卷后,请仔细检查是否有漏答现象,确定完成后再准备上交。谢谢你的合作!

2020 年 6 月

时间	认真参加升旗仪式(%)	积极做家务(%)	积极参加社区活动(%)	考试作弊(%)
2020 年 6 月	98.1	85.2	80.2	1.0

▶▷第二部分
初中道德与法治体验性教学定量研究

  本部分，基于新加坡南洋理工大学读教育管理硕士的课程学习，反思我们现实教学与管理中存在的问题，结合初中道德与法治体验性教学定量研究的9篇选题报告，呈现作者多年来的学习成果，为初中道德与法治体验性教学研究提供了理论支撑。

我所在学校管理方面的革新：基于人文关怀的九年一贯制学校教学管理模式初探

一、选题背景

秦皇河畔，黄河之滨，成长着一个活力四射的学校——滨州经济技术开发区第一中学，我校是一所九年一贯制学校，建校十二年来，发展成就喜人，先后荣获国家级语言文字规范化示范校、山东省规范化学校等国家、省、市级荣誉称号几十项。

教学质量是一个学校生存与发展的生命线。一个学校能否被社会、学生家长所认可在很大程度上也取决于学校教学质量的优劣。管理是质量的保障，创新是进步的灵魂。由于城市建设的不断推进，我校的生源逐年递增，目前我校拥有学生六千五百余名，一百三十五个教学班，教职工四百五十余名。由于学校规模不断扩大，原来的传统的管理模式无法适应学校的超常规发展。学校管理不能过分强调量化考评，还要体现制度规范下的人文关怀，用尊重、理解、信任和关心，赢得教师的支持与拥护。

推进教学管理改革，探索基于人文关怀的九年一贯制学校教学管理模式，推进学校教育教学工作的高质量，成为解决这一问题的不二法宝。

二、理论依据

我们在《管理教育变革》这门课中，学到了丰富的教育管理变革知识。

（一）成功革新的六个特点

第一，变革是响应社会进步、要求改变的呼唤；第二，质疑、挑战传统的一直被认为理所当然的观念。第三，变革是基于对现行的实践不满意；第四，改进意味着应用或达到更高标准；第五，改革可能引发新问题，因此解决新问题将伴随着改革的过程。第六，改革依靠创意（智能）和新科学/技术。

（二）人文关怀与人文涵养

人文关怀强调关心、爱护、尊重人。党的十八大报告提出："全面提高公民道德素质，注重人文关怀和心理疏导，培育自尊自信、理性平和、积极向上的社会心态。"中国哲学（儒道）人具有如下内在动力：向上、向好、向善。人文关怀，关注人的生存与发展。

源深而水流，水流而鱼生之，情也；根深而木长，木长而实生之，情也；君子情同而亲和，亲和而事生，情也。这出自《六韬·文师》，意思是"水的源流深，水流就不息，水流不息，鱼类就能生存，这是自然的道理；树的根须深，枝叶就茂盛，枝叶茂盛，果实就能结成，这也是自然的道理；君子情投意合，就能亲密合作，事业就能成功，这也是自然的道理。"这里面渗透着人文关怀的思想。

人文涵养，教师之必需。教师需要具有人文学养成分、人文思考方法、人文学科知识、人文教育能力。人文学的主要功能，促进发展个人自觉，形成公民职责意识，有助于及鼓励自我反思。

（三）变革的哲学视野

1. 变革的过程、规律及原则。（1）元亨利贞，"元"，为大、为始，引义为善长，为春；"亨"为通，引义为嘉会，为夏；"利"为美利，引义为义和，为秋；"贞"为正，引义为干事，为冬。（2）变为常，万变不离其宗。（3）领导发动，自上而下。（4）"当位以节，中正以通。天地节而四时成。节以制度，不伤财，不害民。"出自《周易·节卦第六十》。意思是要以欣喜的态度去穿越险境，能够自我节制，居中守正才可以畅通无阻。天地有所节制，才能够形成四时的变化。君主有所节制，才可以不浪费钱粮，不伤害百姓。

推进模式三部曲。"革言三就，有孚"语出《周易·革卦》，句意为：主张变革的言论三人皆合，则为可信。意思是变革必须慎重，经过再三讨论，多次商议认为可行之后，才能行动，变革必须得到群众的拥护。推进革新的三部曲：谨慎推行，全方位加速，不断深化。

2. 变革遵循的原则。与时偕行；天地以顺动；圣人以顺动；以时发；君子以作事谋始；刚中有应，行险而顺；时止则止，时行则行；君子以慎言语，节饮食；恐致福；平衡；始入仕途，要以次而进，渐至高处。

三、革新案例

针对我校教学管理中存在问题，结合《管理教育变革》所学的内容，我校应采取以下措施，努力探索基于人文关怀的九年一贯制学校教学管理模式，推进我校教育质量的进一步提升。

（一）与时偕行，管理转型——在转变理念上下功夫

与时偕行是与时俱进的意思，要求我们在教学工作中要唯变所适，在处理问题时，要学会审时度势，要具有前瞻性。

学校教学管理存在的问题：学科教研组长、年级部主任在各科室管理之下，学校规模偏大，缺乏对干部、教师的人文关怀，管理效能有待提升。

革新建议：

1.要建立学科主任制度。每个学科选出一名学科主任，学科主任由学校中层干部兼任（可以是中层副职），每个中层以上领导挂靠至少一门学科，领导包班及监督学科情况。校长和负责教学的中层及以上干部每学期听评课20节以上。包组领导做好听课笔记和评议记录，加强与执教教师的交流研讨。

2.要完善学区管理模式。我校九个级部可以划分为18个学区，每个学区设学区主任一名，配备科员一名，全面负责学区的教学、德育管理。学区主任由学校中层正职以上干部兼任，学区主任到级部办公室办公，负有对学区内教师的量化考核的职责，成为区内活动负责人和召集人，学区定期组织成绩分析会、学生动员会、家长交流会；学区主任直接向校长负责，要有相对独立的人事权、经费使用权、教师考评权。真正实现学区主任的责、权、利相统一。

学校要求学区主任做到"四勤"，即：勤进课堂、勤看业务、勤抓研讨和勤促管理。学区管理，使管理工作更细、更实、更深入一线，有利于形成你追我赶、不甘落后的良好竞争氛围。每周的学校办公会上，要求学区管理干部提交中层干部常规工作落实记录表，汇报本周的工作落实情况，有力地提升了各学区主任的责任意识和工作能力。

（二）精细管理，顺应形势——在专项管理上下功夫

2019年6月23日《中共中央 国务院关于深化教育教学改革全面提高义务教育质量的意见》指出，树立科学的教育质量观，在坚定理想信念、厚植

爱国主义情怀、加强品德修养、增长知识见识、培养奋斗精神、增强综合素质上下功夫。严格按照国家课程方案和课程标准实施教学，确保学生达到国家规定学业质量标准。

学校教学管理存在的问题：缺乏有效的选课走班，部分计划缺乏流于形式，分类培养不到位。缺乏对教师和学生的人文关怀。

革新措施：1. 要让选课走班更有温度。凸显学校特色，开发更多的实践性校本课程，把下午最后两节课作为选课走班的时间，实施充分利用我校建成红色文化广场和党性教育基地引导学生立德成人、立志成才，树立正确世界观、人生观、价值观，坚定对马克思主义的信仰，坚定对社会主义和共产主义的信念。

2. 要让计划制订更有高度。学校、课程中心、教研中心制订的学校、教学、教研工作计划，各教研组工作计划，任课教师的教学工作计划，要着眼于发展学生的核心素养，要着眼于科学的教育质量观，要基于学考目标，基于落实立德树人的根本任务，从而引领教师按照各项计划，努力打造高效课堂，提升教学质量。

3. 要让分类培养更有力度。目前我校的分类培养处于低层次或者流于形式。要体现以学生为中心的思想，在现有分层教学的基础上，努力做到同一班级内的分层教学，加强对优秀生、临界生、潜力生的个性化辅导，设计分层作业和可选择性作业，让优秀生吃得饱，让潜力生够得着，逐步形成成熟有效的做法。

（三）落实常规，"以时发也"——在教学常规上下功夫

"以时发也"出自《易经》，意思是把握时机才发挥。当前，滨州区对学校坚持每学期一次教学视导，这是强化教学常规的好时机。

学校教学管理存在的问题：集体备课烦琐化、教研活动形式化，课堂教学模式单一化，作业设计"一刀切"，缺乏对教师、学生的人文关怀。

革新措施：1. 要改进集体备课。以级部为单位，每个学科设立备课组，作为基层教研单位，便于开展教研活动。学校应进一步完善"三备两研"制度，每周安排两节课集中备课，开展研究课，每天下午的最后一节，间隔一天进行一次集体备课活动。在备课中，强化对年轻教师的帮扶，避免备课与实际授课不相符，做到提前一周备课。学校归纳整理教师的备课资料，及时整理归档，实现资源共享。

2. 要推进有效教研。推进有效教研，要引领教师学会评课，学会听课。学校推进有效评课，即："评"的依据须有效；"评"的标准须有效；"评"的内容须有效；"评"的方法须有效。学校推进有效听课，即：一听教师的讲或活动；二听教师的导；三听教师的"问"；四听学生的答；五听教师的评；六听听课教师的反映。听课教师做好听课笔记和评议记录，加强与执教教师的交流研讨。

3. 要优化课堂模式。一方面，要推进三级建模。努力实现"学校一模、一科多模、一模多法"。目前，我校部分教师的课堂教学走入"模式化"怪圈，机械地照搬河北精英中学的"6+1"教学模式，有的老师生搬硬套这6个环节，只是为了符合学校的要求。基于对我校的课堂教学改革进行诊断，我校应该有基于学校要求的"6+1"教学模式，而不唯模式，充分体现以学生为中心的思想，尊重教师的创造性，给教师更多的人文关怀，引领老师积极推进小组合作教学，发挥学习小组作用，每个学习小组，每科都有学科长，推进多元评价，实现当堂达标。

另一方面，要打造"代表课"。结合市教科院名师工作室的活动，要求每位教师打造"代表课"，营造课改革氛围，助力高效课堂建设。

4. 要改革作业设计。一是设计好基础性作业。根据课标要求，设计好提升学生基本知识和基本技能的基础性作业；二是要设计体验性作业。目前，各科作业还是书面作业多，体验性作业少，或者没有。要根据各科的实际，设计基于情境的体验式的作业。例如，中共中央办公厅、国务院办公厅印发的《关于深化新时代学校思想政治理论课改革创新的若干意见》强调，初中阶段重在开展体验性学习，结合道德与法治课，布置体验性作业：如为妈妈梳头、洗脚等。三是要探索弹性作业。在教学中，我们设计层次性作业，在统一作业的基础上，尝试把作业尝试设计成3个层次，让学生根据自己的兴趣和能力去选择。A层作业是基础类作业；B层作业是提升类作业；C层作业是拓展类作业。四是要设计跨学科作业。根据《中共中央 国务院关于深化教育教学改革全面提高义务教育质量的意见》的要求，应增加设计跨学科作业。例如结合2020年的国庆假期，让学生设计一个到西藏旅游的方案。

（四）时止则止，时行则行——在教师发展上下功夫

时止则止，时行则行。意思是：该静止的时候，必须要静止；该行动的时候，必须要行动。不论是静止，还是行动，都要掌握好时机，这样做事就会顺利。

2019年6月23日，《中共中央 国务院关于深化教育教学改革全面提高义务教育质量的意见》指出，按照"四有好老师"标准，建设高素质专业化教师队伍。实施全员轮训，突出新课程、新教材、新方法、新技术培训，强化师德教育和教学基本功训练。

学校教学管理存在的问题：教师培训往往给其他工作让路，处于从属和次要定位，在教师专业发展方面，对教师的人文关怀有待加强。革新措施：

1. 要推进启航工程。一是要加强新入职教师培训。新入职教师培训，要围绕如何推进小组合作教学、如何备课、如何提高教学实效等方面培训，要理论联系实际；二是要提高外出学习的质量。为了促进教师间的学习与交流，共同分享外出学习的收获，不断提高教师的教学技能，学校要完善《教师外学学习制度》，严格推进"五个一"活动，规定凡参加省、市级以上听课学习的教师，回校后必须向教研组的老师反馈学习情况，做一次学习报告，提供一篇心得体会，提供一幅在会场的照片，提供一节课的听课记录，执教一节汇报课。要把教师上交材料情况计入考评量化。

2. 要推进青蓝工程。要保证青蓝工程的活动时间，把青蓝工程与平时的教研活动、集体备课结合起来，学校要修订《青蓝工程实施方案》，要增加对青蓝工程实施效果的考评，鼓励学校名师、学科带头人、教学能手当好课改的先行者，当好师傅，带好徒弟。通过师徒结对，用传、帮、带、导、提、教等方式，提高青年教师的教育教学能力和水平，以适应新形势下学校教师总体发展的需要。

3. 要实施"双名"工程。为贯彻落实《中共山东省委 山东省人民政府关于全面深化新时代全省教师队伍建设改革的实施意见》（鲁发〔2018〕44号）精神，进一步加强中小学高水平教师队伍建设，我校应该启动学校第一期"名师、名班主任"培养工程。对"双名"工程的实施，要有时间保证、资金保证，还要建立考核机制。

4. 要推进阅读工程。为提升教师的专业水平，近年来，我校积极推进读书工程，主要包括两部分：第一部分是读经典，读中华民族的优秀传统文化的经典作品；第二部分是读理论，读党和国家当前最新的关于教育的文件。

总之，我们将根据所学的管理教育变革相关知识，结合学校的实际，基于对师生的人文关怀，用工作凝聚人，用氛围净化人，用机制调动人，用改革创新人，用理念领导人，为学校教育持续健康协调发展而努力！

参考文献

［1］邹璇.浅谈初中教学管理如何体现人文关怀［J］.课程教育研究，2016.

［2］李春波.浅谈初中教学管理的人文关怀［J］.课程教育研究，2014.

［3］林春.学校管理的人文关怀视角［J］.辽宁教育，2013.

［4］柯明欣.探究人文关怀下的中学学校管理新模式［J］.黑龙江教育（理论与实践），2014.

［5］杜强.以师为本 彰显学校管理的人文关怀［J］.辽宁教育，2011.

在改革大潮中砥砺前行

——滨州市中考改革的实践与探索

兵圣孙武故里，孝子董永故居，美丽黄河之滨，黄河三角洲高效生态经济区、山东半岛蓝色经济区和环渤海经济圈、济南省会城市群经济圈"两区两圈"叠加地带，成长着一个活力四射的新兴城市——山东滨州市。

近年来，滨州市落实立德树人根本任务，奏响时代最强音，在推进中考改革方面取得了一定成效，当然，在改革中也存在需要改进的问题。

一、成效显著，稳步发展——追求教育的高质量发展

（一）改革命题方式——强化落实课程标准的要求

滨州市学业考试实行全市统一命题、考试、评卷和发布成绩。命题工作由滨州市教育科学研究院承担，命题要求兼顾毕业考试和招生考试的双重功能，加强与社会实际、学生生活和成长经验的联系，试题命制以课程标准、教科书为依据，在全面考核学生基础知识和基本技能的基础上，加强对学生独立思考和综合运用所学知识分析、解决问题能力的考查，减少单纯记忆、机械训练内容，杜绝偏题、怪题；加强对高中阶段学习乃至终身学习影响较大的知识和能力的考查，给学生留有较大的思维空间；在语文科目中，地方课程《传统文化》占10分权重；在道德与法治科目中，地方课程《安全教育》占10分权重。

近几年，笔者参加了滨州市中考说明的编写工作。滨州市2019年初中道德与法治学科中考说明明确指出，滨州市2019年初级中学思想品德学科学业考试，从初中学生的认知水平和生活实际出发，全面贯彻《义务教育思想品德课程标准（2011年版）》（以下简称《课程标准》）的要求，体现课程理念。

立足于考查学科基础知识，注重考查主干知识的整合和综合提取、分析解决问题以及知识的迁移等方面的能力；关注学生的情感、态度、价值观；渗透思维过程与方法的引领、指导与考查。同时对学生进行安全常识，特别是自防、自救和遇险逃生等基本方法和技能的考查。

命题以《课程标准》规定的内容和要求及近一年来国内外重大时事政治（2018年5月—2019年4月）为依据，以学生实际使用的教材为参考，以成长中的我、我与他人和集体以及我与国家和社会为主线，对道德、心理健康、法律、国情、时事政治、安全教育等方面的学习内容进行有机整合。

（二）改革评价方式——对学生尝试综合素质评价

2016年9月20日，教育部公布了中考改革细则，强调"把综合素质评价纳入中考录取"。近年来，滨州市在推进综合素质评价方面做了一些尝试，取得了一定成效。

滨州市初中学生综合素质评价分为两个阶段。

1. 实行学生评价手册阶段

这一阶段主要在2007年至2018年。滨州市初中学生综合素质评价包括思想品德、学业水平、身心健康、艺术素养、社会实践五个方面。滨州市教育局要求初中学校要本着既注重学生的全面发展，又突出学生个性特长的原则，科学制定学生综合素质评价办法和细则。

滨州市初中学校能够合理确定指标权重，做到内容设计避免重复交叉、面面俱到，从而减轻学生负担。从实施的过程来看，大部分学校能够处理好定性评价与定量评价的关系，充分利用观察评价、档案袋评价、检测评价等不同的评价方法对学生进行评价，力求评价结果真实、客观。

大部分学校能够坚持过程性评价与终结性评价相结合做法，以日常评价为基础，进行日常评价、学期评价和毕业评价。评价结果可采取"等级＋描述性评价"的方式呈现，等级分A、B、C、D，对应评价结果为优秀、良好、合格、不合格。

2. 实行学生电子评价系统阶段

这一阶段主要在2019年至现在。滨州市从2019年开始实施学生电子评价系统，利用学生电子评价系统，班主任能够对每个学生的出勤、纪律、好人好事等日常表现进行评价，上课教师能够将学生的上课表现、检测成绩记入评价系统。依据评价系统，形成对学生的日常评价，该评价作为学生录取的参考依据。

（三）改革录取方式——推进"一考多取、一生多选"

为推进引导初中办学水平的整体提高，近年来，滨州市大力推进中考录取方式，实施高中阶段学校招生实行"一考多取、一生多选"的政策，即普通高中、中等职业学校（含五年一贯制高职、三二连读高职、"3+4"对口贯通培养、普通中专）招生统一报名，一次考试，按志愿分类同步录取。该做法取得一定成效。

一是实施高中指标生分配制度。市、区教育局根据初中学校的办学水平，初中学校的报考人数，将公办高中的招生人数分配到初中学校，比例不低于学校招生计划的70%。普通高中的录取工作由市、县（区）教育行政部门和招生学校严格按批复的招生计划组织实施。例如，滨城区、滨州经济技术开发区、高新区及市直学校考生按报考志愿参加山东省北镇中学、滨州市第一中学、滨州行知中学、滨州实验中学、滨州中学5所学校的招生，市、区教育局将会根据以上的学校的报考志愿人数以及初中学校的办学水平，将学校招生计划的70%的招生人数分配至参加报考的初中学校。指标生设置录取分数下限，凡不能完成指标生计划的初中学校，其剩余计划统一调剂使用。指标生以外招生计划（含特长生和推荐生计划）按考生志愿、录取成绩择优录取，并设定最低录取控制分数线。

二是实施特长生录取政策。各普通高中可根据实际情况，按批复的计划招收部分艺体等特长生，特长生计划不得超出学校总招生计划的5%。

三是实施推荐生录取政策。在初中学校实名推荐的基础上，各普通高中可按不超过招生计划3%的比例招收综合素质评价成绩优异的学生。

四是特殊考生录取。烈士子女、归侨、华侨、台湾籍同胞子女，普通高中招生时，降低10分录取。

五是努力促进职业教育发展。各县市区统筹发展高中阶段教育，努力扩大中等职业教育招生规模，积极鼓励职业学校多形式、多渠道办学，促进普职比例大致相当，即普通高中招生计划和职业教育招生比例为1∶1。

总之，滨州的系列中考招生录取政策，有利于维护教育公平，有利于薄弱学校的学生升入办学力量强的高中，有利于照顾到各方面的利益，有利于体现以人民为中心的发展思想，是推进教育均衡发展的有益的尝试。

二、保持清醒，直面挑战——正视发展中出现的问题

一是仍然存在唯文化课分数录取的现象。虽然学生中考成绩以等级呈现，虽然平时也有对学生进行综合素质评价，但是录取仍然主要看分数。滨州市也制定高中的最低录取控制线，各学校也有自己的录取线。例如，2019年，北镇中学的录取分数线是699分；滨州实验中学的录取线是664分；有的学生因为一分之差，上不了自己想去的学校。

二是考试内容以及题型需要改进。试题仍然存在偏重机械记忆的现象。例如，2019年滨州市道德与法治学科中考试题，选择题量偏大，设问缺乏思维的深度，考查的记忆性的内容较多，非选择题的答案过于宽泛，学生只要记住一些关键的核心知识，就能作答。由此导致学生备考时需要死记硬背的内容多、需要重复做的习题多，给学生造成较大的备考压力。

三是存在职业学校提前招生现象。个别职业学校在中考之前就录取学生，一部分成绩不理想的学生今天参观这所职业学校，明天参观另一所职业学校，影响了学生的稳定。

四是公办高中资源不能满足学生上高中的需求。一半的学生不能进入国办高中，只能上民办高中。滨州市城区高中学校只有北镇中学、滨州市一中、滨州市实验中学、滨州行知中学，这些高中只能满足一半的初中毕业生上高中。不能上公办高中的，如果不选择职业中专，就只能花钱上民办高中，民办高中每年收费在一万元之上。

五是中考前填报志愿有待改进。目前，滨州市是在中考之前填报志愿。这样做在一定程度上有利于均衡生源。但是，部分学生对自己的成绩估计不准，出现分数低于报考学校，所报学校不录取，虽然自己的分数达到另一所高中的录取线，但是因为在志愿中没报该校，该校也不录取，导致学生只能选择民办学校。

三、且行且思，执着前行——在挑战中稳步阔步前行

（一）让综合评价真正成为中考录取依据

解决高中招生录取唯分数问题，势必要求在招生录取时除了重视初中学业水平考试成绩之外，还要引入其他评价内容。注重考查学生的日常行为规范养成和突出表现；整理遴选具有代表性的活动记录和典型事实材料要进行公示审核；综合素质评价档案材料要突出重点，简洁明了，便于在招生中使用。充分利用学生综合评价电子系统，做好日常积累。借鉴新加坡的做法，设置学生的专题活动作业，计入升学成绩，先由老师考核打分，再由教育部门进行再次考核。

（二）进一步提升中考命题质量

一是取消滨州市中考说明。紧紧围绕义务教育课程标准的要求，减少单纯记忆、重复训练性质的内容，增强与学生生活、社会实际的联系。注重考查学生综合运用所学知识分析问题和解决问题的能力。

二是采取一系列保障措施。加强学业水平考试题库建设，开展试卷评估和分析，提升考试命题质量和水平等。

三是借鉴先进命题经验。对接新高考，借鉴新高考的命题模式；对接质量监测考试，借鉴PISA考试的经验。PISA重视对影响因素的测查。除了对学生基本素养进行测评外，PISA还对影响学生素养的关键因素进行问卷测查，在学生层面，关注学生的家庭背景、阅读活动与学习实践、学习策略、自我效能感、学生幸福感等议题。

（三）严格落实国家招生政策

教育部《关于做好2019年普通中小学招生入学工作的通知》明确指出：严格规范高中的招生工作，严禁普通高中（包含民办高中）争抢生源以及跨区域招生的行为。要严格落实以上政策，健全招生管理工作规定，规范学校招生行为，进一步明确招生范围、规模等基本要求，严禁在中考前招生，维护正常的招生秩序。

（四）尝试实行"先考试后报志愿"

建议出台新的滨州市中小学招生工作意见，其中关于高中阶段学校招生实行"先考试后报志愿"的新政策。

（五）未来中考实行等级评价

允许多次参加中考，学生可以有更多自主选择的机会，并且以历次考试最好的成绩参加高中招生录取，可以减轻"一考定终身"带来的压力。

（六）艺术作为一科纳入中考

往年，音乐、美术课程是考查科目。下一步，可以由考查科目调整为考试科目，录取时单独作为一科，此举体现对培养学生艺术素养的重视，有助于全面推进素质教育。

滨州市中考政策取得成效是显著的。滨州市的中考改革开放已走过千山万水，但仍需跋山涉水。我们绝不能有半点骄傲自满、故步自封，必须勇立潮头、奋勇搏击。改革的道路并不平坦，前进路上布满荆棘，我们将不畏艰险，迎难而上，砥砺前行，为滨州教育高质量发展而努力！

初中道德与法治体验性教学定量研究计划书

一、引言

2019年8月14日，中共中央办公厅和国务院办公厅印发了《关于深化新时代学校思想政治理论课改革创新的若干意见》（以下简称《意见》），《意见》指出："统筹推进思政课课程内容建设。坚持用习近平新时代中国特色社会主义思想铸魂育人，以政治认同、家国情怀、道德修养、法治意识、文化素养为重点，以爱党、爱国、爱社会主义、爱人民、爱集体为主线，坚持爱国和爱党、爱社会主义相统一，系统开展马克思主义理论教育，系统进行中国特色社会主义和中国梦教育、社会主义核心价值观教育、法治教育、劳动教育、心理健康教育、中华优秀传统文化教育。"《意见》强调，遵循学生认知规律设计课程内容，体现不同学段特点，初中阶段重在开展体验性学习。推进该项课题研究，有助于学生在初中阶段打牢思想基础，有利于引导学生把党、祖国和人民装在心中，有利于学生强化做社会主义建设者和接班人的思想意识。

在该课题研究过程中，遵循学生认知规律，努力对学生进行中国特色社会主义和中国梦教育、社会主义核心价值观教育、法治教育、中华优秀传统文化教育，引领学生开展体验性学习，从而强化学生政治认同，厚植学生家国情怀，从而提升学生的核心素养；同时，开展本项课题研究，有利于提高思道德与法治教师综合素质，有利于学校建设一支政治强、情怀深、思维新、视野广、自律严、人格正的思政课教师队伍。

二、研究假说

研究假说：通过开展初中道德与法治体验性教学研究，引导学生立德成人、立志成才，树立正确世界观、人生观、价值观，引导学生把党、祖国、人民装在心中，强化做社会主义建设者和接班人的思想意识。

变量：初中道德与法治教学方式。

一种是以传统的教学方式，教师以讲解为主，教师讲，学生答；一种是以体验性教学方式，基于学生，基于生活，基于课标，基于素养，创设情境，引导学生在情境中体验。

例如：角色扮演可以激发学生学习兴趣，让学生在角色扮演过程中扩展思维，完成学习任务。例如执教八年级道德与法治下册《国家司法机关》时，设计学生体验性活动"模拟法庭"，将教材上的探究与分享案例以法院审判的形式模拟出来，由学生扮演法官、被告、原告，并开展审判活动。

设问：在上述案例中，人民法院行使了什么权利？人民法院在司法活动中要坚持什么原则？

通过角色扮演，学生积极融入情境，在体验感悟的基础上解决实际问题，在角色扮演的过程中，学生流露出对法律的敬畏。这种体验式的活动设计为教学的开展提供了空间，学生通过体验、感悟，学生通过自我探索和互帮互助，获得理性知识，获得成长。这种体验式学习，会让学生刻骨铭心，会让学生的思维得到充分拓展，会让法治意识深入学生大脑。

课堂教学效果的考量，则通过实验结束后针对课堂内容进行小测验的成绩来评定。

为了保证测量的信度和效度，应尽量避免其他因素的干扰和混淆变量，在进行实验组比较时，应确保以下几个方面：

一是以同一个老师采用的上课方式的改变进行比较。二是教师的在不同班级上课内容保持一致，课程时间的安排基本相同，课堂环境基本不变。三是组织测验时，不提前告知被试学生，采用相同的试卷，试卷要能反映对课堂教学内容的记忆和理解，要立足于考查学科基础知识，注重考查主干知识的整合和综合提取、分析解决问题以及知识的迁移等方面的能力；关注学生的情感、态度、价值观；渗透思维过程与方法的引领、指导与考查。四是试验要进行多次。

三、研究方法

此项研究采用准实验法和问卷调查法相结合的方法进行。准实验法与实验法十分相近，只是准实验法中的被试不是随机地分配于不同的实验情境之中，准实验法采用单组前后测设计。

一般采用已经存在的班级进行教学效果的比较，每两个班级为一个实验组，一个实验组由同一教师上课，在教师采用体验性教学之前，进行前测，可以比较两个班级原先的不同，在一个班级采用体验性教学，一个保持不变之后，再进行测验，经过统计分析，比较两者的变化。

四、被试的选取

每组被试选择七年级学生，人数、男女比例相近，并且初中道德与法治学科的平常考试成绩也比较接近的两个班级进行。实验要重复测量，可以选取多组班级参与，每个班级只参与一组实验。

五、效度讨论

1. 内部效度

研究的内部效度一般受到五个方面的影响：

（1）研究过程中应尽量避免突发事件的发生，要保证在实验中课堂不发生意外事件，在考试时不发生意外事件，保证不影响到教学实验。

（2）选取恰当的实验时间，实验的时间不能太长，被试学生生理或心理的成熟可能影响听课效果，从而影响实验的效度。

（3）重复测量，应尽量选择多组和不同的道德与法治任课老师参与实验。

（4）每组被试的两个班级，应尽量人数相近，男女生比例相近，所选择班级的课时安排，尽量上午、下午均衡分布，道德与法治课成绩水平相近，并且同一教师执教。

（5）争取学校的支持，积极组织相关培训，提高参与实验老师的理论水平和实践水平，引领参与实验老师高度重视该项研究。

2. 外部效度

初中道德与法治体验性教学研究对课堂效果的影响，实验效度应该可以推广到全区不同初中学校的道德与法治课教学的情境中。

实验过程中，初中道德与法治体验性教学的推进程度与课程内容的切合度对教学效果都会产生不同程度的影响，因此推进道德与法治体验性教学时，在保证课堂秩序的前提下，学生体验性活动越多，实验的效果越好。

六、研究时间

准实验不打破正常的教学计划。每组需要两周左右时间，在选择好被试学生和参与执教老师后，教师在一个班级使用体验性教学方式，在另一个班级使用传统教学方式，每周两次课，两周后进行一次小测验。如果有多组班级和教师参与，既可以同时进行，也可以顺延。预计研究时间为两个月。

七、预期

通过探索适合初中道德与法治体验性教学方式的课程目标、教学情境、教学案例与实施、课程评价等，打造基于提升学生核心素养的体现政治引领和价值引领的高效课堂，开拓和挖掘有利于对学生实现政治引领和价值引领的教学资源，在教学中突出政治启蒙，全面提升学生思想政治理论素养，实现知、情、意、行的统一。

八、研究改进

在实验过程中，不同教师对体验性教学的相关理论要吃透，教师自身要克服由传统教学模式带来的影响，因此需要增加前期的一些培训。

如果研究可以证明初中道德与法治体验性教学对课堂教学效果产生的积极影响，那么可以进一步研究什么样的体验性教学方式对教学影响最大，把道德与法治体验性教学作为一种教学方式广泛使用不同年级的道德与法治学科教学，从而引导学生立德成人、立志成才，树立正确世界观、人生观、价值观。

参考文献

[1] 盛佳晨. 思想品德体验性教学初探 [J]. 当代教育实践与教学研究，2015（9）.

[2] 何垠. 体验性教学下的中学思想品德课行动探究 [J]. 教育教学论坛，2011（5）.

[3] 刘燕平. 论思想品德课中的体验性教学 [J]. 内蒙古师范大学，2010（6）.

［4］李铮.政治课体验教学的困境与实施途径［J］.教学与管理，2017（12）.

［5］张彩霞.初中思想品德课体验教学研究［J］.山东师范大学，2015（4）.

［6］宋计飞.中学思想品德课生态体验教学研究［J］.河北师范大学，2015（8）.

［7］刘桂侠.美国中小学的体验式学习及启示［J］.教师教育学报，2019（9）.

直面问题不回避　敢于担当破难题

近年来，我校在教师专业发展方面存在的问题表现在以下几个方面：

一是个人对教师专业发展的重视程度有待提升，个别教师专业发展的积极性不高，存在职业倦怠；二是学校对教师专业发展的重视程度有待提升，把教师专业发展放在学校不重要的位置。

基于教师专业发展方面存在的问题，我们采取的措施如下：

一、四大工程，组团发展

（一）推进启航工程

一是加强新入职教师培训。为帮助新教师快速成长，9月24日至27日，我校举办了新入职教师培训会，培训围绕如何推进小组合作教学、如何备课等方面做了分析，理论联系实际，17位新入职教师参加，新入职教师感到受益颇丰。二是提高外出学习的质量。2018—2019学年度，我校派出教师参加培训17736人次，培训达25326学时。为了促进教师间的学习与交流，共同分享外出学习的收获，不断提高教师的教学技能，学校修订《开发区一中教师外学学习制度》，推进"五个一"活动，规定凡参加省、市级以上听课学习的教师，回校后必须向教研组的老师反馈学习情况，做一次学习报告，提供一篇心得体会，提供一幅在会场的照片，提供一节课的听课记录，执教一节汇报课。

（二）推进青蓝工程

学校不断完善《青蓝工程实施方案》，发挥名师师引领作用，鼓励学校名师、学科带头人、教学能手当好课改的先行者，当好师傅，带好徒弟。师傅徒弟责权利相结合。青蓝工程两牵手，师徒结对共成长。目前，杨学梅、张慧敏等54名教师结成师徒。青蓝工程旨在大力加强青年教师的培养，积极为他们的成长搭建平台，通过师徒结对，用传、帮、带、导、提、教等方式，提高青年教师的教育教学能力和水平，以适应新形势下学校教师总体发展的需要。

（三）推进"双名"工程

为贯彻落实《中共山东省委 山东省人民政府关于全面深化新时代全省教师队伍建设改革的实施意见》（鲁发〔2018〕44号）精神，进一步加强中小学高水平教师队伍建设，我校实施滨州经济技术开发区第一中学第一期"名师、名班主任"培养工程。结合我校教师、班主任队伍实际情况，遴选中小学名教师各14名，名班主各6名，学校拟计划投资20万元，对培养人选进行为期3年的重点培养。培养周期结束，经考核合格，颁发"滨州经济技术开发区第一中学名教师、名班主任"合格证书。

（四）推进阅读工程

读书能使人时时闪烁着生命的光辉，让人欣赏到不同的生命风景。"最是书香能致远"。为提升教师的专业水平，近年来，我校积极推进读书工程，主要包括两部分，一是读经典，读中华民族的优秀传统文化的经典作品；二是读理论，读党和国家当前最新的关于教育的文件。读书工程以点带面，引导师生享受阅读的精神盛宴。

二、研训一体，提升质量

（一）强化集体备课

学校积极探索备课管理改革。以级部为单位，每个学科设立备课组，作为基层教研单位，便于开展教研活动。学校完善"三备两研"制度，每周安排两节课集中备课，开展研究课，每天下午的最后一节，间隔一天进行一次集体备课活动。注重备课效果及教后反思，注重研究课实效与评价，发挥引领、诊断作用。做到提前一周备课，做到备课与实际授课内容相符。学校归纳整理教师的备课资料，及时整理归档，实现资源共享。

（二）推进有效教研

学校推进有效评课，即："评"的依据须有效；"评"的标准须有效；"评"的内容须有效；"评"的方法须有效。学校推进有效听课，即：一听教师的讲或活动；二听教师的导；三听教师的问；四听学生的答；五听教师的评；六听听课教师的反映。听课教师做好听课笔记和评议记录，加强与执教教师的交流研讨。

（三）打造高效课堂

一是推进三级建模。努力实现"学校一模、一科多模、一模多法"。基于我校实际，与育中方略培训集团合作，对我校的课堂教学改革进行诊断，基于我校现状，基于学科特点，基于学生学情，科学设置教学目标，完善"6+1"高效课堂教学模式，打造适合我校教师、学生的高效课堂教学模式。高效"6+1"模式中的"6"，是指课堂教学中依次进行的六个环节，包括"导""思""议""展""评""检"；高效"6+1"模式中的"1"，是"练"的环节，也是迁移运用，主要形式是让学生联系实际进行习题巩固训练，还有写随笔、小制作之类，主要目的是让学生更好地实现从"懂"到"会"，从"会"到"用"，它是学生完成学习任务的最后环节。在该模式下，我校积极推进小组合作教学，发挥学习小组作用，每个学习小组，每科都有学科长，推进多元评价，注重自评、小组互评，注重纠因改错，实现当堂达标。

三、多元评价，引领发展

"评价具有导向、诊断和甄别的基本功能。评价是为了改进和提高，为了促进发展，而不仅仅为了评判优劣、区分等级，多元评价就是从多途径、多角度、多层面对教师工作进行个性化评价，从而充分发挥评价的正确导向、激发潜能、促进发展的作用。"[1]

具体做法如下：

教研能力与专业发展（共8分）

（一）培训与教研（1.5分）

1.继续教育与业务培训（0.5分）：能积极参加各类业务培训，尤其是上级主管部门及学校组织的全员培训及校本培训，认真撰写学习心得笔记，不断提高自己的执业能力。根据教务处提供的培训出勤记录、结业评价及完成学习笔记情况予以记分。

2. 教研组评价（1分）

根据学校教研组评价细则划分等级，给教研组长和成员赋予相应分数。组长、组员分别一等级记1分、0.9分；二等级记0.9分、0.8分；三等级记0.8分、0.7分。

（二）发展成果（5分）

1. 教科研课题（1分）

（1）已经在区级以上（含区级）教研部门立项的课题，课题组成员按时完成学期及学年的实验计划、总结、实验报告，课题组成员在立项当年分别加分。国家、省、市、区级负责人分别加1分、0.8分、0.5分、0.3分；成员分别加0.8分、0.6分、0.4分、0.2分。完不成上述任务不得此项分。

（2）教改实验课题通过上级主管部门成果鉴定，该课题组成员按省及其以上、市、区级负责人分别加1分、0.8分、0.5分；成员加0.8分、0.5分、0.3分。

教科研课题最高加分为1分。

2. 教科研成果（3分）

（1）学科带头人、教学能手、教坛新星（只记当年）按国家、省、市、区、学校分别加1分、0.8分、0.6分、0.4分、0.2分。（按同类最高项加分）

（2）同学科（按实际任课）或所学专业参加优质课、公开课按国家、省、市、区分别加1分、0.8分、0.6分、0.4分（按同类最高项加分）。

（3）论文：①在《人民教育》《中国教育报》《山东教育》发表的专业性学术论文且有稿费复印件，按国家、省、市分别加0.8分、0.6分、0.4分。其他发表类论文按区一等。

②上级教研机构组织评审类证书按国家级加0.9分（一等0.9分、二等0.8分、三等0.7分）、省级0.7分（一等0.7分、二等0.6分、三等0.5分）、市0.5分（一等0.5分、二等0.4分、三等0.3分）、区0.3分（一等0.3分、二等0.2分、三等0.1分），校0.2分（一等0.2分、二等0.1分、三等0.25分）（最高累计两项）。

3. 学生辅导：教育部门统一组织的竞赛辅导（师生证书按同一个计）按国家、省、市、区分别加0.5分、0.4分、0.3分和0.2分；非统一组织参加的竞赛辅导奖不加分。

4. 课件制作、教学案例作按国家、省、市、区分别计0.5分、0.4分、0.3

分和 0.2 分。

5. 学生刊物（0.5 分）

教师辅导学生作品，评语恰当，无语法、文字错误，在学生刊物发表，每篇记 0.05 分。

6. 教师刊物及征文（0.5 分）

在教师刊物发表作品，每篇 0.15 分，学校组织的各级各类征文每篇记 0.15 分。

注：（1）多人合作证书或出版物，取所得加分的平均分计入。

（2）各类证书必须在教务处或上级教研部门备案并经学校审核小组审核通过后为准，否则不予加分。

（3）各类证书以落款时间为准，出版物以出版时间为准。2014 年 7 月 1 日为公示时间，证书的界定由"考核小组"确定。

（4）以上各项赋分不超过最高分，满分不超过 5 分。

参加学校或教研组组织的讲座、学习、听（说、讲、评）课、征稿、竞赛等整体要求的活动评 0.2 分，没完成的按比例折算；承担讲座、专题研究课、示范课、校际交流课的主讲 1 次加 0.1 分。

（5）以上没有涉及的获奖项目经评审小组研究参考以上标准酌情赋分。

（三）校本课程开发与使用（1.5 分）

开发与使用各占 0.5 分、1 分。课外活动时间承担兴趣小组活动内容的，依据活动记录、教务处检查记录和活动效果分一、二、三等，分别记 1.5 分、1 分、0.5 分。

学校作为评价者，努力做到以"同理心"赢得被评价者的尊重，以"倾听"面对"倾诉"，以"对话"深入了解"需要与愿望"，引导教师在自尊的基础上，学会自我分析；在反思的基础上，学会自我控制；在他尊的基础上，强化团队意识。

总之，我们将根据所学的"教师评价与专业发展"的知识，结合学校的实际，树立科学质量观，突出立德树人导向，发展学生核心素养，助推教师专业成长，引领学生走上来。

参考文献

张伯承,胡庭贵.以多元评价促进教师专业发展[J].湖南教育,2010.

当前中小学劳动教育中存在的问题以及基于实施意见的解决策略
——以滨州经济技术开发区第一中学为例

摘　要：劳动教育"窄化",将劳动教育简单理解为做家务。劳动教育"异化",存在以课代劳、以教代劳、以说代劳现象,出现了一种"假劳动"。劳动教育"虚化",初中生近一年没有参加劳动体验的人数占86%。劳动教育"矮化",把劳动教育看作是一种无须智力参与的活动。目前劳动教育缺失相当严重。用好国家政策,强化量化考核,营造劳动环境,一是要建好劳动设施;二是要培训专职教师;三是要出台配套措施。让劳动教育为孩子的发展打好底色。

关键词：劳动教育、政策、考核

Abstract："Narrowing" labor education is simply regarded as doing housework. As for "dissimilation" of labor education, there exists the phenomenon of substituting class for labor, teaching for labor and saying for labor, and there appears a kind of "fake labor". The number of junior high school students who have not participated in the labor experience for nearly a year accounts for 86%. Labor education is "dwarfing", regarding labor education as an activity that requires no intellectual participation. At present, the lack of labor education is quite serious. Make good use of national policies; Strengthen quantitative assessment; To create a working environment, the things that we should do are to build labor facilities, to train full-time teachers and to introduce supporting measures. Let labor education play an important role in the development of children.

Key Words：Labor Education，Policy，Assessment

帝师故里，黄河北岸，成长着一个活力四射的学校——滨州经济技术开发区第一中学。我校是一所九年一贯制学校，建校十二年来，先后荣获国家级语言文字规范化示范校、山东省规范化学校等国家、省、市级荣誉称号几十项。学校坚持内涵式发展，实施精细化、规范化、标准化、目标化"四化管理"，全面向管理、教研、评价、课堂、特色要质量。以"体验式综合课程"为特征的课程体系初步建成，红色文化课程、礼仪文化课程、劳动教育课程、田园课程、STEAM课程、安全体验课程等渐次开设。

长期以来，我校学校教育与生产劳动相结合，在劳动教育方面取得了一定成绩。但是我们也清醒地看到，"近年来一些青少年中出现了不珍惜劳动成果、不想劳动、不会劳动的现象，劳动的独特育人价值在一定程度上被忽视，劳动教育正被淡化、弱化。"[1]

对此，我校必须高度重视，采取有效措施强化劳动课程，切实加强劳动教育。

一、当前中小学劳动教育中存在的问题

（一）劳动教育"窄化"

将劳动教育简单理解为做家务，是我校将劳动教育"窄化"一个重要表现。

2020年4月，对我校随机抽取的100名同学做了调查，调查数据显示，每学期参加2次农业劳动的占20%；每学期参加2次志愿服务的占20%；我校学生在家里经常整理房间的占30%；在家经常打扫卫生的35%；在家经常洗碗的学生占25%；学生每天家务劳动时间不足10分钟的占了80%。数据表明，劳动被"窄化"，而且家务的劳动教育效果也很不理想。

将家庭劳动教育直接与要求儿童做家务画等号并不合理，它对家庭劳动教育的开展有诸多消极影响。窄化家庭劳动教育的内涵，造成劳动教育形式单一。劳动教育即劳动、生产、技术和劳动素养方面的教育，旨在培养孩子的劳动观念、劳动态度、劳动习惯，是父母对子女进行的劳动技能和劳动情感的教育，形式也应该多样。[2]

（二）劳动教育"异化"

当前，我校开发了田园劳动体验课程，在推进劳动教育方面取得一定成效，提升了学生的劳动意识。但是，为避免劳动中出现安全问题，学校老师尽量多讲授，让学生听，减少学生的亲身体验，存在以课代劳、以教代劳、以说代劳现象，劳动教育陷入课本化、游戏化、表面化，出现了一种"假劳动"。

总之，受多方面因素的影响，"劳动"被误解、被污名化，与教育关系走向分离，从而局限了劳动本身的价值，使劳动教育被异化。[3]

（三）劳动教育"虚化"

在我校选取初一、小学一年级学生100名，就近一年开展劳动教育的情况进行调查，调查显示，真正上过劳动教育课的学生占比偏低，小学生占22%，初中学生占11%。学生经历劳动教育考察和体验类活动也偏少。调查发现，初中生近一年没有参加劳动体验的人数占86%。这说明，没有独立的课程设置，没有刚性的课程要求和配套课程评价措施，劳动教育课程容易出现"虚化"现象。

除此之外，学校布置的劳动体验活动，大部分学生蜻蜓点水、走马观花，实际价值非常有限。例如，2018年，按照学校的安排，我们在国庆节期间安排了假期劳动体验活动，学校要求学生参加一次农业劳动或者参加一次家务劳动，70%的学生在劳动场景拍了照片，然后就发给老师，说自己参加了劳动。这表明，目前的劳动教育课程只能寄托于学校及教育行政部门主管领导对劳动课程重要意义的理解上，目前的学校的劳动教育不利于保障学生接受最为基础的劳动教育，不利于形成与新时代高素质劳动者相适应的基本劳动知识技能和良好职业习惯。

（四）劳动教育"矮化"

受传统轻视体力劳动观念的影响，劳动的内涵在一些人的观念中仍停留在家务活或其他体力活上。[3]

例如，我们学生家长经常用到的一句话："看见外面干建筑的工人了吗？你不好好学习，就像他们一样做苦力劳动。"这样的教育把劳动教育看作是一种无须智力参与的活动，在学校教育中难以与知识、学问相提并论。

总之，目前劳动教育缺失相当严重。

二、解决策略

（一）用好国家政策

开齐开足开好劳动教育必修课程。《中共中央 国务院关于全面加强新时代大中小学劳动教育的意见》指出："根据各学段特点，在大中小学设立劳动教育必修课程，系统加强劳动教育。中小学劳动教育课每周不少于1课时，学校要对学生每天课外校外劳动时间作出规定。"[1]

我们要用好国家关于加强劳动教育的政策法规，做好劳动教育课程的时间规定，这既是底线，也是生命线。我们要从国家意志和国家使命的高度认识开设劳动教育的重要性，将劳动教育纳入学校日常教育教学计划和课程方案，让劳动教育成为学生的"必修课"。

（二）强化量化考核

一是对学校的考评要突出劳动教育。通过考核、评估和督导，倒逼地方教育部门和学校，为劳动教育留出合理时间，真正重视劳动教育效果。建议教育行政部门对学校综合考评，要提升劳动教育的比重。如果学校的综合测评一次次输在劳动教育上，校领导必然会强力推进劳动教育。

二是对学生的评价要强化劳动教育。要充分发挥中考、高考这两个"指挥棒"对劳动教育的引导作用。建议进一步深化中考高考改革，将劳动教育课纳入中考、高考，所考分数计入学生升学成绩，引导学校及家庭重视劳动教育，改变"重文轻劳"的现状。

（三）营造劳动环境

一是要建好劳动设施。建议地方政府加大相关财政投入，建设农业生产等劳动基地，要求学生每学期必须参加规定时间的劳动课程，引导学校持续开展劳动教育，激发出学生参加劳动教育的积极性。

二是要培训专职教师。培训劳动课专职教师，让劳动课教师和其他学科教师享有一样的待遇。建议地方教育行政部门组织力量制定劳动教育师资培训课程指导标准，杜绝劳动教育的娱乐化、形式化、惩戒化倾向，引导培训工作规范、有效进行。建议配备专兼职教研员，组织系列教研活动，引导劳动课教师实现专业化发展。

　　三是要出台配套措施。安全问题是造成劳动教育不能有效实施的重要原因。在参加劳动的过程中，乘车、劳动操作，有时会发生学生的意外伤害，学校及其领导会受到问责，家长会漫天要价要求赔偿。所以，建议教育主管部门要对学生的安全管理进行创新，出台相关措施，让学校放下包袱，在确保学生安全前提下开展劳动教育。

　　总之，我们将根据所学的"教育政策法规"相关知识，结合学校的实际，为劳动实践提供充足的教学支持和考核要求，要为学生劳动教育提供更多的资源空间等条件支持，让劳动教育为孩子的发展打好底色！

参考文献

　　［1］中共中央　国务院关于全面加强新时代大中小学劳动教育的意见［Z］.2020-03-20.

　　［2］童星.家教周刊·家长学校［N］.中国教育报，2018-11-20.

　　［3］黄洪霖.劳动教育的异化与学校新作为［Z］.2018.

影响九年一贯制学校教育质量提升的因素以及解决策略
——以滨州经济技术开发区第一中学为例

摘 要：积极查找问题，以自我革命精神深刻检视剖析。一是疫情下的网课效率偏低；二是高效课堂建设活力不足；三是教学教研指导相对缺失；四是中考命题研究严重不足；五是教学常规管理不够精细；六是年轻教师队伍不够稳定；七是小学初中衔接不够重视；八是"二元"管理降低工作效率。主动担当作为，为推动教育高质量发展而努力。落实好立德树人根本任务，努力实现学校管理的科学化，努力实现常规管理的精细化，进一步优化课堂教学结构，科学的评价引领教学发展，切实抓好中考备考研究。

关键词：检视剖析 疫情 "二元"管理 立德树人

近年来，我校大力推进教学改革，教育教学质量有了较大幅度地提升。但是我们也清醒地看到，影响我校教育质量提升的因素还比较多，我校教育质量提升的空间还比较大。

一、积极查找问题，以自我革命精神深刻检视剖析

教学质量提升任重道远。我们清醒地看到，与北镇中学等先进学校还有较大差距，我们面临的压力很大。我们要以自我革命精神检视查找突出问题，深刻剖析问题根源，认真开展批评与自我批评，明确努力方向和整改措施。问题突出表现在以下几个方面：

一是疫情下的网课效率偏低。"网课真正成为疫情中学习的一项救急手段，无论是老师、学生还是家长仍要经历一段适应期。"[1]疫情期间，各学校采

用网课的方式进行授课，一般是教师讲，学生听，有的学校出现一个老师同时给好几个班上网课情况，很少有教师能够和学生互动；部分学生缺乏自律，缺乏家长的监督，网课甚至变成"网游"，这大大降低了学生的学习效率。2020年上半年，初中中考成绩不理想，小学各年级教学质量很不均衡。

二是高效课堂建设活力不足。"一所学校的综合质量提升，关键在教师，核心在课堂。"[2]中小学开学后，部分学校的高效课堂建设流于形式，只是形式上推进××模式，缺乏对高校课堂建设的深入研究，缺乏对三级建模的打造。

三是教学教研指导相对缺失。"教研员是我国基础教育教师队伍中的一个特殊群体，在我国基础教育质量提升中发挥着举足轻重的作用。"[3]受疫情影响，没有推进全区的针对中考的教学视导，各学科的教学活动线上多，线下少，在某种程度上降低了教学质量。

四是中考命题研究严重不足。"初中学业水平考试主要衡量学生达到国家规定学习要求的程度，兼顾学生毕业和升学需要。试题命制既要注重考查基础知识、基本技能，还要注重考查思维过程、创新意识和分析问题、解决问题的能力。"[4]提升教育教学质量，研究中考命题改革方向至关重要。我们对中考命题的研究，停留在说题比赛等比较浅的层面上，缺乏对中考的深入研究，缺乏对中考信息和中考改革方向的研究。

五是教学常规管理不够精细。"把简单的事情做好就是不简单，把平凡的事情做精就是不平凡。搞精细化管理不是一阵风，而是一项长期的、精细的工程。"[5]作业缺乏人性化设计，备课缺乏对"三备两研"的研究，学生管理缺乏理想信念教育和人生规划教育。

六是年轻教师队伍不够稳定。"在教育这个更看重经验和积累的行业中，年轻并不是优势。"[6]因为外来务工人口的增加，部分城区学校生源大幅度增加，带来区聘教师和校聘教师的大幅度增加。但是，这些年轻教师面临事业编招考的挑战，他们一旦考上事业编，马上离开学校，造成教师队伍不稳定，从而影响教学质量的提升。

七是小学初中衔接不够重视。"将小学、初中两个时段相结合，有针对性地教学，而非单纯应付"小升初"，有助于增强学校教育时间的有效性。"[7]目前，作为九年一贯制学校，学校没有做好小初衔接，学校设立小学部、初中部，小学部、初中部分别设立了自己的课程中心、学生发展中心、教研中心，各中心分属于不同学部，导致各学段各自为政，没有考虑小初衔接，为了准备"小升初"，小学部会将六年级的课程提前结束，然后留出大量时间让学生复习复习再复习，以打好"小升初"这场硬仗，从而导致小学六年就复习过度，不利于九年一贯制学校教学质量的总体提升。

八是"二元"管理降低工作效率。"中小学要有一体化的领导层，形成九年制学校的集体领导，统一制定学校规章制度和管理办法。"[8]目前，我校的管理模式是，学校初中部、小学部分别设立课程中心、教学服务中心、教研中心、学生发展中心、教师评价中心等部门，同时，初中部3个年级设立6个学区，小学部设立6个学区。学校的课程安排职权、对教师的考评职权都在各中心。中心主任掌握着评价的权力，但是学校太大，却无法直接管理各班级、各教师。各学区主任对教师的约束管理权限不大，导致学校无法推行真正的学区管理，学校的管理重心无法真正下移，学区主任一般兼任班主任，上满工作量的课时，学区主任没有时间，也没有足够的权限去执行管理职能。这种学校中心职能部门与学区并存的"二元"管理模式降低了工作效率。

二、主动担当作为，为推动教育高质量发展而努力

基于当前教育教学中存在的问题，我们将采取以下措施：

（一）落实好立德树人根本任务

一是充分认识立德树人的意义。坚持立德树人根本任务，构建人才培养的"新生态"。各学校要充分认识立德树人的重大意义，正确把握教育教学改革的方向，将立德树人确定为教育教学改革的最高价值追求，以立德树人统领教育教学工作。

二是加强德育课程一体化研究。各学校要全面落实教育部《中小学德育工作指南》（教基〔2017〕8号）和《山东省德育课程一体化实施指导纲要》等文件精神，加强德育课程一体化研究；基于提升学生核心素养，强化各学科的德育责任和德育功能。

要把立德树人的成效作为检验学校一切工作的根本标准，把立德树人内化到学校建设和管理各领域、各方面、各环节，引导学生做到明大德、守公德、

严私德。

（二）努力实现学校管理的科学化

基于学校的现状，"执行校长负责制 学校每学年展开竞聘活动，产生各个年级执行校长，由年级执行校长负责，各年级组教育、教学、教科研、常规管理、德育活动等相关事务，各自对级部分管校长负责。"[9]

（三）走活全校教育资源优化"一盘棋"

要树立大局意识，做好各学段的衔接工作，积极推进德育课程一体化，对课程进行纵向融通、横向整合，借鉴先进学校经验，做好小初衔接，将9年学习作为整体统一规划，九年一贯制学校，尝试"5.5+3.5"模式，让教师精彩绽放，让学生充满希望，让学校迅速成长。

（四）努力实现常规管理的精细化

1. 努力实现作业设计的人性化。增加作业的层次性和可选择性，尊重学生的差异。增加实践性作业的设计，着眼于学生的真实生活，使理论观点与生活经验、劳动经历有机结合，让学生在社会实践活动的历练中感悟真理的力量。

2. 努力实现备课说课的常态化。让备课成为研究，深入推进"三备两研"，让备课说课落到实处。

3. 努力实现学生管理的人文化。一是强化对学生的理想信念和价值观教育，为学生的终身发展奠基；二是大力推进"双师"班主任。努力实现学科教师与班主任的身份合二为一。引领学科教师既要承担平时学科教师的责任，还在教学时间里承担教学班班主任的责任，在学科教学中兼顾学生的德育、美育等，让教师从一个"单纯"的学科教学者走向融各种职责于一身的学科教育者；三是加强分类分层教学研究。要根据学校实际情况，在备课、上课、辅导等环节落实分层教学要求，把学生差异当作一种教学资源，推动不同水平学生之间的互帮互学，实现教学效果最大化，促进每个学生的发展，不让一个孩子掉队。

（五）进一步优化课堂教学结构

一是努力实现高效课堂教学的"1356"。"1"即一个中心，以"学生为中心"，以"学"为中心。"3"即"三个为主"：问题为主线、思维为主攻、训练为主干。问题为主线：设置问题注意学生最近发展区。思维为主攻：

始终把学生批判思维能力的培养和训练作为课堂教学的主攻方向。训练为主干：在课堂教学中始终要贯穿着训练。"5"即落实高效课堂的五个依托：导学案、小组合作学习、集体备课、随机听课（倡导随机听课）、问卷调查。"6"即高效课堂的 6 个环节。

二是努力推进有效教研。要推进有效评课，即："评"的依据须有效；"评"的标准须有效；"评"的内容须有效；"评"的方法须有效。评课至少找出两点问题。

三是大力推进有效听课。即：听教师的讲或活动；听教师的导；听教师的"问"；听学生的答；听教师的评；听听课教师的反映。听课教师做好听课笔记和评议记录，加强与执教教师的交流研讨。

（六）推进基础教育教研工作改革

强化校本教研。让学科教研组成为学校组织教学活动、开展校本研修、落实教学管理的基本组织。各学校要定期或在关键节点组织不同类型的研讨活动，如达标课展示、现场观摩、主题研讨、听课诊断、学习交流等活动，促进学校、学科之间的交流，深化对高效课堂内涵的认识，发挥骨干教师的辐射带动作用，促进教学模式的成型与推广。"学校要健全校本教研制度，开展经常性教研活动，充分发挥教研组、备课组、年级组在研究学生学习、改进教学方法、优化作业设计、解决教学问题、指导家庭教育等方面的作用。"[10]

推进系列主题教研活动，以提升教学质量为目标，以聚焦学科课程育人价值理解、教学设计与实施、作业设计与学业评价等为关键问题，明确教研主题，开展指向实践改进的跟进式教研为主要方式，努力将学科教研组建设成教师学习共同体、研修共同体和发展共同体。

（七）科学的评价引领教学发展

评价引领发展，评价促进发展，评价实现发展。各学校要依据《山东省中小学教学基本规范》要求，进一步修订考核细则，完善考核内容，构建科学、有效的教学工作评价体系。要重视教学成绩终结性评价，将中考成绩作为教学工作评价的重要内容，要用好评价结果，评价结果要与教学成果、评优、职称评聘等挂钩，进一步激发教师工作积极性。各学校可以依据市《高考质量评价方案》，完善本校的中考考评价方案，把中考目标任务层层分解落实，确保教育教学质量的有效提升。

（八）切实抓好中考备考研究

一是把握中考改革方向。认真研究初中、高中课标、《滨州市初中学生学业水平考试形式和试卷结构》、中考试题，准确把握考试内容的范围和深度，密切关注中考改革动向和中考命题趋势，及时调整教学、备考方向，做到既要低头拉车，又要抬头看路。

二是明确质量提升目标。明确初三年级教学质量提升目标，研究制定完成目标的具体办法和措施，并将目标层层分解，落实到班、到人。

三是制订科学的备考计划。制订具体的初三复习备考计划，科学划分复习阶段，确保初三复习备考工作目标明确、思路清晰、方法科学、措施得力。实行毕业年级教学调度会制度，以阶段性教学质量分析为抓手，抓好教学质量阶段性推进机制的落实。

四是形成中考备考团队。加强三年一体化规划，要成立中考备考研究团队，及时关注新中考改革动向，强化分类考试的研究，跟踪每一个学生的发展，发扬传统好的做法，创新教学策略，实现教学质量的可持续发展。

总之，我们将根据所学的"教育质量与保证"相关知识，结合学校的实际，强力推进教学改革，让教师绽放精彩，让学生展现美丽，让学校迅速成长，从而实现教育的高质量发展。

参考文献

［1］李贞．疫情下，网课是救急也是创新［N］．人民日报（海外版），2020-02-18．

［2］钟原．建设高效课堂新样态［N］．中国教师报，2019-08-28．

［3］鲍银霞．新时代基础教育教研员的使命与担当［J］．教育视界，2019-11-08．

［4］中华人民共和国教育部．教育部关于加强初中学业水平考试命题工作的意见［R］．2019-11-22．

［5］李占军．利用"互联网＋"加强学校精细化教学管理［J］．课程教育研究，2018-12-21．

［6］蒋新生．寄希望于青年　给青年以希望［J］．人民教育，2010-06-18．

［7］高品质九年一贯制学校是如何炼成的［N］.中国教育报，2015-11-03.

［8］俞开元.九年制学校管理中的"起、承、转、合"［J］.传播力研究，2019-06-01.

［9］李金荣.基于九年一贯制学校管理层面的思考［N］.江苏教育报，2018-12-14.

［10］教育部关于加强和改进新时代基础教育教研工作的意见［ER/OL］.教育部网站，2019-11-30.

对滨州经济技术开发区第一中学人力资源管理问题的思考

滨州经济技术开发区第一中学于2008年9月1日建成，坐落于渤海十九路以西，长江二路与三路之间，占地388.5亩，是一所山东省规范化九年一贯制义务教育学校。我校坚持以人为本的管理理念，牢固树立"管理就是服务"的宗旨，严格制度下的深切人文关怀，促进了学校的内涵式发展和持续发展，教育教学质量不断提高，已成为全区经济和社会发展的一张亮丽的名片。

学校的人力资源管理方面取得了一定的成绩，但是也存在一些问题，对此，笔者做了一些思考。

一、在前行中回顾——分析现状

我校现有136个教学班，学生6485人，教职工426人。有省特级教师2人、齐鲁名师2人、省级优秀教师4人，区级以上优秀教师、学科带头人、教学能手等共110人，100余人次获省、市、区级优质课奖。在国家、省、市级报刊发表教育教研文章1200余篇，有一支思想素质高、业务能力强、朝气蓬勃的教师队伍。

目前，学校的人力资源管理基本还处于传统的人事管理阶段，学校没有设立人力资源管理部门，区教育局设有人事科。

我校在人力资源管理方面做了一些尝试，在薪酬管理改革方面也做了一些改革。例如2017年，学校尝试过薪酬改革，做法如下：

教学人员：每人每月拿出1000元用于除考勤、工作量、兼职加分等以外的其他考核绩效薪酬，主要包括教学成绩、教研活动及效果、师德表现等。

考核绩效薪酬根据学期汇总情况，按学期分三个等次发放，一等占教职工总数的 30%，每月 1300 元；二等占教职工总数的 40%，每月 1000 元；三等占教职工总数的 30%，每月 700 元。非教学人员：由学校考评小组和教师代表对中、小学不在教学一线工作的后勤人员、教辅人员和科室人员进行民主评议，依据民主评议成绩按照 1 : 1 的比例分为两个等次发放。二、三等各占民主评议人数的 50%，二等每月 1000 元，三等每月 700 元。

该做法在一定程度上激发了教师上课的积极性，但是由于经费来源等原因，目前已经停止。

二、在工作中反思——查找问题

我们学校的人力资源管理在取得以上成绩的同时，也存在不少问题。

（一）长远规划弱化

目前，我校人力资源管理缺乏规范的、长远的规划，出现的问题是教师队伍结构性超编与总体缺编并存。目前，从总体上看教师数量与学生数量不相匹配，存在缺编状态，但具体到某个学科，如体育、道德与法治存在超编现象。

当前，学校没有权力招聘聘任制或者在编教师，只能招聘临时的代课老师。学校也没有权力解聘超编的学科老师，这样就造成整个人力资源结构的不合理。

（二）分配机制虚化

当前，学校教师工资多少主要取决于职称的高低和工龄的长短。这样在薪酬分配上存在着平均主义严重，对教学名师、教学能手、骨干的激励力度不大，存在干多干少一个样，干好干坏一个样，存在"大锅饭"现象，这样导致教师普遍积极性不高。突出表现在，学校 60% 的青年教师职称是初级或者中级，他们在教学科研中承担了许多基础性的工作，是抓教学质量的生力军和骨干，但是，由于按照职称发工资，他们工资远不及一些工龄长、职称高的老教师。这种工资分配方式严重挫伤了青年教师的积极性。

（三）考核结果淡化

目前，学校有一套相对规范的考核标准和考核体系，制定了《2019—2020 学年开发区一中教师量化考核细则（讨论稿）》，每年都在不断地修订。

学校每学期都要对教师进行综合考评，考核后的结果主要用于评优评先的依据，例如教师节表彰，学校初中部现有教师180人，根据区教育局给的指标，教师节一般表彰10人左右，和大部分教师没有关系，这样使得考核不能发挥其应用的作用，挫伤了教师的积极性，降低了学校的工作效率。

（四）教师培训边缘化

在教师培训方面重视不够，存在着形式主义，存在说起来重要，做起来次要，忙起来不要的现象。表现在以下几个方面：

一是教研组层面校本培训，不少流于形式，没有实质性的内容，培训的效果很不理想，不能提高教师的素质。二是全校性的校本培训，一般比较少。例如聘请校外专家来作报告，有时候，每学期不到一次。三是学校有计划外出培训，受经费影响，难以落实。例如，2019年12月，学校出台了《滨州经济技术开发区第一中学"双名"工程实施方案》，但是由于经费紧张等原因，迟迟不能落实。四是教师培训与其他工作出现时间上的冲突，往往学校要求教师培训为其他工作让路。

总之，以上情况导致教师的业务水平提高不快。

（五）岗位配置异化

学校也实行了教师聘任制，但这些聘任并不是严格意义上的聘任制，在聘任的过程中存在直接安排，讲情面等许多现象，例如：学校不想聘××老师担任某个岗位，但由于他已经在学校工作多年，碍于情面也就聘任了，造成许多教师与自己的工作岗位不能匹配，造成资源浪费。

（六）人才维护表面化

目前，人才竞争加剧，人才维护的核心是留住人才。由于经费紧张、教师紧缺等原因，学校现有的优秀教师的成长平台受到一定限制，骨干教师的个人价值和成就感得不到充分体现，学校对优秀教师的重视程度有待提升，再加上发达地区在想方设法吸引人才，导致部分优秀教师人心不稳。

三、在创新中提升——提出对策

（一）设立人力资源管理机构

目前，一般县区一级教育主管部门设置一个人事科，而人力资源管理是一个复杂系统的过程。仅仅依靠区一级教育主管部门不可能对其管辖的学校的人力资源状况了解透彻，管理到位。学校都应建立自己的专门人力资源管理部门，负责本校的人力资源管理。

（二）制定人力资源规划

"在传统的人事管理下，发展中地区初级公办中学的每一个学校需要多少人？需要什么样的人等这些问题往往都是由上一级教育行政单位进行规划。学校在用人规划上并没有多大的自主权，而上一级教育行政单位集中体现在以"师生比"来作为人力资源规划的主要依据。"[1]

学校成立专门人力资源部门后，要制定长远的战略性的规划，要结合学校总体战略进行设计。

（三）做好人力资源招募

学校的人力资源招募主要有两种基本的形式：内部招募和外部招募，内部招募是指在发展中地区初级公办中学内部进行人力资源重组的过程，外部招募是指从学校外部寻求人力资源需求满足的过程。[1]

作为一个拥有6000多名学生的大学校，学校既要做好内部招募，也要做好外部招募。做好内部招募，就要打通初中和小学的学段界限，全校统一使用教师资源。做好外部招募，需要上级教育局主管部门适当放权，把教师的招募权还给学校，学校通过面试、笔试、见习等环节，选拔学校急需的学科老师。

（四）强化人力资源薪酬管理

学校薪酬管理必须达到两个目的，一是有效地稳定学校的各类人才；二是有效地激励学校成员的工作积极性，促进学校人力资源管理各个环节的良性循环。学校要进一步完善绩效工资制度，可积极争取政府支持，拿出一部分资金作为绩效考核的基础资金，综合考虑课时量、班主任、兼职工作、教学成绩、科研成绩等因素发放绩效工资，低职称的教师只要工作业绩出色，所对应的薪酬就会超过高职称的教师，在这种情况下，教师只要长期安心于本职工作，工作努力，薪酬就可能不断得到提升，从而激发教师工作的积极性和创造性。

（五）努力留住优秀教师

学校要努力打造"人尽其才、才尽其用"的环境，为人才提供"人尽其才、才尽其用"的环境。

1. 合理设置"名师"岗位。原则上按照专任教师数量1/60的比例进行设置,"名师"岗位奖励实施范围和设置比例,随教育事业发展和教师队伍建设需要逐步扩大和提高。核定"名师"岗位时,要兼顾到各个学科,实现均衡设置。

2. 明确"名师"岗位职责。承担所在学校学科教学工作,达到满课时量要求,且每学期教育教学须达到学校综合考评前1/3;参与所在县(市、区)、乡镇和学校的教育教学改革,对教学改革、课程建设、教学管理等工作提出建设性意见;发挥教育教学示范带动作用,组建教师发展共同体、名师工作室,同时通过听课评课、示范课、专题讲座、师徒结对等方式,承担本学校(学区)青年教师培养、指导任务;紧跟基础教育教学研究前沿,引领、带动本学校或学区的教科研工作,任期内取得标志性成果。

3. 做好"名师"岗位管理。"名师"岗位面向全校教师公开竞聘。实行任期制管理,聘期3年。每一聘期从当年9月开始,到第三年8月结束。聘期内实行学期考核,3年聘期结束后进行聘期考核;凡上年度考核不合格或有违反师德师风行为,造成恶劣影响受到党纪政纪处分的,违反国家法律受到法律制裁的,一律取消奖励资格,并同时建议相关部门取消其荣誉和业务称号;因本人工作调整不再符合奖励范围,或因身体等原因不胜任"名师"岗位者,本人应及时向学校报告,学校要及时报告上级教育主管部门,于下一个月停止奖励发放。

4. 落实"名师"岗位待遇。学校"名师"岗位,每人每月奖励1000元。

(六)扎实推进教师培训

学校要推进四大工程,组团发展,在教师发展上下功夫。

1. 启航工程要做"细"

一是加强新入职教师培训,新教师培训要常态化,贯穿学期始终。二是提高外出学习的质量。凡参加省、市级以上听课学习的教师,回校后必须向教研组的老师反馈学习情况,做一次学习报告,提供一篇心得体会,提供一幅在会场的照片,提供一节课的听课记录,执教一节汇报课。

2. 青蓝工程要做"真"

学校要再完善《青蓝工程实施方案》,发挥名师师引领作用,师傅徒弟责权利相结合。结合薪酬改革,加大对青蓝工程的考核力度,以适应新形势下学校教师总体发展的需要。

3."双名"工程要做"实"

我校实施第一期"名师、名班主任"培养工程。结合我校教师、班主任队伍实际情况，遴选中小学"名师"各14名，"名班主任"各6名，要积极争取，让该工程落地，从而引领更多老师"走上来"。

4.阅读工程要做"好"

读书能使人时时闪烁着生命的光辉，让人欣赏到不同的生命风景。"最是书香能致远。"读书要线上线下相结合，要注意读教育改革前沿的书籍，不仅要读，而且要认真领悟，写出心得。

总之，只有切实推进学校人力资源管理改革，才能释放教育资源和每个人的潜能。我们将根据所学的"人力资源管理"的知识，结合学校的实际，树立科学质量观，突出立德树人导向，助推教师专业成长，引领学生"走上来"，推进学校教育的高质量发展。

参考文献

王典一.发展中地区初级公办中学人力资源管理——以安徽省LX县初级公办中学为例[D].石家庄：河北工业大学，2007.

学生评价实践活动要素分析以及改进方向
——以《公民基本权利》一课学生评价为例

帝师故里，黄河北岸，成长着一个活力四射的学校——滨州经济技术开发区第一中学。我校是一所九年一贯制学校，建校十二年来，先后荣获国家级语言文字规范化示范校、山东省规范化学校等国家、省、市级荣誉称号几十项。学校坚持内涵式发展，实施精细化、规范化、标准化、目标化"四化管理"，全面向管理、教研、评价、课堂、特色要质量。

长期以来，我校坚决克服教育评价"唯分数、唯升学、唯文凭、唯论文、唯帽子"的顽瘴痼疾，积极探索教育评价改革，进行了大量的尝试，确立了"多元评价，促进学生全面发展"的评价体系。结合课堂教学改革，我们积极推进课堂教学评价改革，做了一些有益的尝试。

一、评价案例

（一）情境导入·明示目标

多媒体播放微课

微课内容：6岁那年，小明上小学啦！第一堂课老师就教会他们唱国歌，小明也知道了祖国的首都是北京，盼望有一天去看看天安门。当时还迷糊的他并不知道，上学、首都、国徽、国歌都是宪法规定的内容。18岁那年，小明考上了大学，来到了从小就想来看一看的北京。除了独立生活的新鲜劲儿，小明还行使了自己的选举权和被选举权，第一次体会到宪法的"存在感"。22岁那年，小明大学毕业了，找工作成了头等大事。在招聘会上，小明过五关斩六将，得到了一份北京某新闻单位编辑的工作。曾经的"熊孩子"小明，如今也要自己独立打拼了。

教师：从小明的成长过程中可以看出他享有哪些基本权利？

学生回答，畅所欲言。

教师总结：肯定学生得出的合理结论，并用多媒体出示本节课的学习目标。

教师：其实，小明享有的基本权利远远不止这些。其实，你就是无数个"小明"中的一个。我们究竟拥有哪些基本权利？又应该如何正确行使和维护这些权利呢？让我们一起学习《公民的基本权利》。

（二）自主学习·合作探究

教师：让我们结合教材的"探究与分享""相关链接"，自主学习，合作探究，让我们一起分享"小岩的故事"，共同走进"探究之旅"。

针对"政治权利和自由"一目，为学生设计如下问题：

小岩故事一：周一这天，小岩家发生了三件事：上午，小岩回老家看望奶奶，正值新一届县人大代表选举，奶奶投下了神圣的一票（图1）。下午，为了弘扬烈士精神，小岩妈妈参加了在渤海革命老区纪念园的集会，缅怀先烈、悼念英灵（图2）。晚上，爸爸打开电脑，向当地政府提出自己的建议（图3）。

1.以上三幅图片共同说明公民正在行使哪方面的权利？它包括哪些内容？

2.图1表明公民享有哪项权利？你对这项权利是如何理解的？

3.图2表明公民享有哪方面的自由？你对这方面的自由是如何理解的？

4.图3表明公民享有哪项权利？公民应如何行使这项权利？

针对"人身自由"一目，为学生设计如下问题：

小岩故事二：周二下午放学后，小岩到小区附近公园游玩。他在公园的"共享书屋"找书看，但觉得没有合适的书，就准备到别处玩，这时保安走过来，强行把小岩拉到办公室。保安对小岩说："怪不得共享书屋老丢书，原来是你这种毛贼做的好事。"说着便强行搜身，并且把小岩留在办公室"教育"了两个小时，最终也没搜出书来。

（1）材料中保安侵犯了公民哪项最基本的权利？它包括哪些内容？这一方面的权利的重要性是什么？

（2）保安对小岩强行搜身，并将小岩留在办公室"教育"了两个小时，侵犯了小岩哪项自由？我国宪法是如何保护公民这项自由的？

（3）保安说小岩是"毛贼"，侵犯了小岩哪项权利？这项权利的内容是什么？我国宪法是如何保护公民这项权利的？

小岩故事三：周三，小康怀疑邻居小岩偷了自己的东西，趁小岩家没人，擅自闯入小岩家里翻箱倒柜地搜查，正好小岩的电脑没关，小康查看了小岩的 QQ 聊天记录。

（1）小康擅自闯入小岩家里翻箱倒柜地搜查，侵犯了小岩的哪项权利？宪法是如何保护公民这项权利的？

（2）小康查看了小岩的 QQ 聊天记录，侵犯了小岩哪项权利？宪法是如何保护公民的这项权利的？

针对"社会经济与文化教育权利"一目，为学生设计如下问题：

小岩故事四：小岩一家是幸福的。周四这天，在滨州魏桥集团工作的爸爸和妈妈，领取了比较丰厚的工资，已经退休的奶奶，领取了养老金。小岩听说四川九寨沟发生了地震，就将积攒的零花钱捐给九寨沟地震灾区的儿童。

（1）以上材料体现公民享有哪项基本权利？

（2）小岩将积攒的零花钱捐给九寨沟地震灾区的儿童，表明公民享有哪项权利？宪法是如何保护公民这项权利的？

（3）爸爸、妈妈和奶奶按时领取工资和养老金，体现公民享有哪项权利？宪法是如何保护公民这项权利的？

小岩故事五：按照班主任的安排，周五晚上，小岩查找出三则手抄报的资料：

资料 1：2017 年，山东省各级财政投入的资金超过 56 亿元，资助家庭经济困难学生上学。

资料 2：2018 年 1 月 8 日，国家科学技术奖励大会在人民大会堂举行，南京理工大学教授、中国工程院院士王泽山和中国疾病预防控制中心病毒预防控制所研究员、中国工程院院士侯云德，获国家最高科学技术奖。每位获奖者奖金 500 万元人民币。

资料 3：宪法规定："中华人民共和国公民在法律面前一律平等。"宪法规定："国家保护妇女的权利和利益，实行男女同工同酬，培养和选拔妇女干部。"宪法规定:"国家和社会帮助安排盲、聋、哑和其他有残疾的公民的劳动、生活和教育。"宪法规定:"中华人民共和国公民有宗教信仰自由。"

(1)资料1、资料2,共同说明公民享有哪项基本权利?

(2)山东省各级财政投入的资金超过56亿元,资助家庭经济困难学生上学,表明公民享有哪项权利?国家是如何保障公民这项权利的?

(3)国家科学技术奖励大会的召开,表明公民享有哪项权利?这项权利包括哪些内容?对这项权利,宪法作了哪些规定?获得最高科学技术奖的科学家,每人获奖金500万元人民币,表明了什么?

(4)资料3所展示的宪法规定的内容表明了什么?

教师:同学们,请根据"小岩"的系列生活化故事,通过自学、分组讨论等方式解决相关的问题。同学们要做到:独立思考,做好笔记,把简单易懂的内容学会,不懂的疑难问题,标出来;个人不能解决的问题通过小组交流解决,小组内互相帮助,共同提高,交流的形式灵活多样,可以是师生合作、生生合作、组组合作。

学生以小组为单位,自主学习,合作探究,把简单易懂的内容学会,不懂的疑难问题,加以标注。

教师巡回指导,参与到学生的合作探究中去,和学生一起学习。

(三)质疑问难·展示点拨

教师:同学们,通过探究之旅,我们对公民的基本权利有了初步认识,但是,通过小组内合作交流,同学们仍有解决不了的问题,请把这些问题以"信息卡"的方式反馈给老师。

教师视各学习小组探究情况,将疑难问题交叉分配给学习小组。

各学习小组准备好后,以小组为单位,选派学生代表展示对疑难问题的解决情况。

教师鼓励其他小组的同学对学生的展示提出不同意见,对自己不明白的问题提出疑问。

通过以上过程,学生仍然解决不了的问题,教师必须及时给予点拨,引导学生突破难点。例如:

1. 名誉权和荣誉权有什么区别?

2. 对财产权的"获得收益和进行处分"如何理解?

教师：同学们，下面我们来共同分析问题 1 和问题 2。

教师：关于"收益权"的解释：比如你有一辆卡车，或者轿车，你每天运营所获得的收益，即利润归你所有，财产所有者占有财产并获得其作为投入所获得的收益。

关于"处分权"的解释：比如你的旧家具你有权自行处分，你可以送人，也可劈成柴火，这体现处分权。

（四）盘点收获·拓展延伸

教师：通过本节课的学习，你有哪些收获？你有哪些新的想法？请大家说出来，我们一起分享。

学生根据以下要求，分享自己的收获。

通过本结课学习：

我知道了＿＿＿＿＿＿＿＿＿＿＿＿＿＿＿＿＿＿

我懂得了＿＿＿＿＿＿＿＿＿＿＿＿＿＿＿＿＿＿

我打算这样做＿＿＿＿＿＿＿＿＿＿＿＿＿＿＿＿

我又产生新的困惑和问题＿＿＿＿＿＿＿＿＿＿＿

教师根据学生的总结，进行点评、补充。

（五）回归生活·提升素养

教师：同学们，下面我们结合自己的实际情况，在以下题目中选择 1—3 个问题，尝试解决。

知识类：1.2017 年，滨州市拨付资金 778.3 万元，资助建档立卡家庭经济困难学生 7528 人次。这一助学行动（　　）

A. 保障了受资助学生的受教育权　　B. 体现了滨州市政府重视义务教育

C. 表明了教育是社会进步的基石　　D. 说明了受资助是学生成长的前提

探究类：2.2017 年，滨州市建立起覆盖学前教育、义务教育、高中教育、职业教育、高等教育各学段完善的资助体系，实现了城乡义务教育经费保障政策全面统一，确保不让一名学生因家庭困难而失学。

为什么"确保不让一名学生因家庭困难而失学"？

体验类：3. 以"我的 ×× 权利"为主题，开展情景剧表演活动。

结束语：同学们，2000 多年前，《韩非子·有度》中提出，"奉法者强则国强"。韩非子的法治愿景，正穿越千年悠悠岁月，在神州大地上成为现实。

宪法规定的公民基本权利,涉及每一名老百姓、每一个家庭,你要有美好生活,必须要有权利相伴。

让我们树立权利意识,提升法治素养;让我们内心尊崇、敬畏、信仰法律,让法治信仰植根于灵魂深处!

在歌曲《成长在法治的阳光下》的视频播放中结束本课。

初中道德与法治合作探究学习评价小组名称:

维度	小组成员	自评	组评	师评	个人总评	小组总评
1.敢于选择、表达自己的观点						
2.展示过程中,能体现激情、自信、质疑的品质						
3.准确地表达自己的观点,并能为主要观点提供例证						
4.对公民基本权利认识深刻,观点独到						
5.在合作学习进行反思,最终做出正确的价值选择						

评价说明:A等:效果很好;B等:效果较好;C等:效果一般。个人总评A等:自评、组评、师评等级需3个A以上;个人总评B等:自评、组评、师评等级需2个A以上;个人总评C等:自评、组评、师评等级2个A以下。小组总评A等:个人总评等级需4个A以上;小组总评B等:个人总评等级需3个A以上;小组总评C等:个人总评等级需2个A以下。

(设计意图:良好的评价是促进学生主动学习的有效手段。通过学生的自我评价,既能够让学生清晰地看到自己的进步和长处,又能找到自己的不足。小组捆绑评价,有利于引领学生合作学习、探究学习,有利于引导学生学会学习,从而提升核心素养。)

二、要素分析

1.评价的目标取向

本次评价的目标取向是鉴定取向,属于水平性评价,坚持真实优先。

2. 评价的内容

价值客体：初中道德与法治合作探究学习评价

评价素材：

（1）敢于选择、表达自己的观点；（2）展示过程中，能体现激情、自信、质疑的品质；（3）准确地表达自己的观点，并能为主要观点提供例证；（4）对公民基本权利认识深刻，观点独到；（5）在合作学习进行反思，最终做出正确的价值选择。

3. 评价的标准

教育评价的标准与我们拥有什么样的教育价值观有密切的关系。教育具有多元化的价值。每个时代，每个人都有不同的教育价值观。当前，我们坚定文化自信，践行社会主义核心价值观，落实立德树人根本任务。

本次教育评价的应然标准是学生的发展和社会的进步。本次教育评价的实然标准是复杂多样的。包括以下几个方面：

一是国家教育方针。"健全立德树人落实机制，着力在坚定理想信念、厚植爱国主义情怀、加强品德修养、增长知识见识、培养奋斗精神、增强综合素质上下功夫。坚持德育为先，教育引导学生爱党爱国爱人民爱社会主义；坚持全面发展，为学生终身发展奠基；坚持面向全体，办好每所学校、教好每名学生；坚持知行合一，让学生成为生活和学习的主人。"[1]

二是《义务教育思想品德课程标准》规定的课程目标。"情感态度价值观：遵纪守法，追求公正，自主自立，增强公民意识。能力：学习搜集、处理、运用信息的方法，能够积极适应信息化社会。知识：知道基本的法律知识，了解法律的基本作用和意义。"[2]

三是本课时所在的单元目标。情感态度价值观：遵纪守法，懂得正确行使权利、自觉履行义务。能力：提升学习搜集、处理、运用信息的能力。知识：了解宪法对公民基本权利和义务的规定。

四是本课时落地的教学目标。情感、态度、价值观：树立正确的权利观念，增强权利意识，初步形成尊重自由平等的意识。能力：提升搜集、处理、运用信息的能力，提高依法维权的能力。知识：知道公民享有广泛的政治权利和自由，人身自由是公民最基本、最重要的权利，了解公民享有广泛的社会经济与文化教育权利。

4.评价主体

本次评价的主体是学生本人、小组长、上课教师。

5.评价的技术与方法

从主体来看,本次评价包括自我评价和他人评价。从评价的功能来看,本次评价属于诊断性评价。从关注点来看,本次评价属于过程性评价。从素材收集方法来看,本次评价采用观察法。

三、改进方向

一是强化过程性和发展性评价。就班级人数的现状,采取前后两排4人或6人为一个大组,小组内构建AABB小组模式,即每组内的2人为更小的合作小组,一个为"博师",另一个为"学友",进一步提高合作效率。每个小组内的学生按照成绩平均分配,分别编为1号、2号、3号、4号。对于学生不同基础的学生,回答同一个问题,加的分数不一样,基础越低的,加分越高。鼓励学生积极提升自己的综合素养。

二是用好综合评价系统。"建立监测平台,定期发布监测报告。"[2]积极推进电子评价系统,可以结合自己学校的特点,增加适合自己学校的评价维度和指标。结合我校的实际和以前使用的学生核心素养评价量表,结合我校开展的高效课堂建设,对评价维度进行调整,增加了课堂评价、小组讨论、激情展示、作业完成情况等项目。

总之,我们将根据所学的"学生评价的理论与实践"相关知识,结合学校的实际,积极推进学生评价改革,要为学生的发展助力!

参考文献

[1]中共中央 国务院关于深化教育教学改革全面提高义务教育质量的意见[R].2019-06-23.

[2]义务教育思想品德课程标准[Z].2011.

加强生态型领导　建设生态型校园
——以滨州经济技术开发区第一中学为例

一、选题背景

秦皇河畔，黄河之滨，成长着一个活力四射的学校——滨州经济技术开发区第一中学，我校是一所九年一贯制学校。近年来，我校坚持以习近平新时代中国特色社会主义思想为指导，全面贯彻党的教育方针，落实立德树人根本任务，规范学生的行为，发现学生的亮点，健全学生的品格，唤醒学生的潜能，在转变教育理念上下功夫，在转变教学方式上下功夫，在转变学习方式上下功夫，积极推进教学改革，努力培养德智体美劳全面发展的社会主义建设者和接班人。

教学管理水平是影响一个学校教学质量水平的重要因素。一个学校能否被社会、学生家长所认可在很大程度上也取决于学校教学质量的优劣。管理是质量的保障，创新是进步的灵魂。由于城市建设的不断推进，我校的生源逐年递增，目前我校拥有学生6500余名，135个教学班，教职工450余名。由于学校规模不断扩大，原来的传统的领导方式无法适应学校的超常规发展，必须培养生态型领导，用尊重、理解、信任和关心，创设有智慧共生环境，打造更绿的学校文化，引领学校高质量发展。

二、理论依据

我们在《教育领导学》这门课中，学到了丰富的生态型领导知识。

（一）生态型组织特点

第一，打造更绿的组织文化，组织得以持续发展；第二，要不断地创造价值，为文明社会做贡献。第三，领导者要把领导与决策的环境、社会影响相联系。

（二）生态型领导的信念与实践

生态型领导会督促人们上进，倡导更简朴的生活，反对浪费。生态型领导相信：通过不断地创造价值的方式，在一个自保持的世界里，我们能够共同繁荣，同时支持别人兴旺。生态领导中的人文思想。加强生态型领导，建设生态型校园，是人文精神和生态意识的合一与升华。"山""水"之寓，文化涌动，水文变化，无形无穷。

（三）和谐思想

和，即由不同因素构成的事物多样性的统一。同，即由相同因素构成的事物单一性的同一。

三、应用案例

滨州经济技术开发区一中办学优势明显，但也有很多缺陷。一是规模过大；二是教师水平参差不齐，既有全市全区知名的骨干教师，也有40多名刚入职的年轻教师；三是学校环境复杂，幼儿园、职业中专掺杂其中。临近多个市民小区，各种利益关系复杂敏感；四是社会关注度高。以上这些都为学校管理和教学带来了巨大压力。

针对我校教学管理中存在问题，结合《教育领导学》的生态型领导内容，我校应采取以下措施，努力生态型领导思想，应用于我们的学校管理，推进我校教育质量的进一步提升。

（一）深化改革，划分学部——建设生态型学部

针对我校规模不断扩大的现状，结合生态型领导的相关知识，我们应该创新学部管理模式。我校初中部划分为两个学部，小学部应该划分为三个学部，每个学部设分管副校长一名，全面负责本学部的教学、德育管理。分管副校长到学部办公，负有对学部内教师的量化考核的职责，成为学部内的活动负责人和召集人，每个学部设立分管的教学、德育的中层干部，对接学校课程、教研、教学服务中心以及学生评价中心等职能部门。每个学部定期组织成绩分析会、学生动员会、家长交流会；学校要求每个学部相关领导做到"四勤"，即：勤进课堂、勤看业务、勤抓研讨和勤促管理。初中部分部管理，使管理工作更细、更实、更深入一线，有利于形成你追我赶、不甘落后的良好竞争氛围。

每个学部应该是一个相对独立的实体。学校应该赋予学部较为自主的人事权、财权，评优评先的指标、职称名额指标也应该下放到学部，学部的分管副校长应该相当于一个校区的执行校长，给他们更多的自主权，给他们搭建更大的平台，让他们打造更加绿色的学部文化，包括绿色的走廊文化、绿色的班级文化，绿色的办公室文化，从而引领本学部持续健康发展。

（二）管理创新，设立中心——开发生态型课程

加强生态型领导，要进一步实现传统科室的升级。基于我校的现状，学校撤销传统的教务处、德育处、总务处，设立课程教学中心、教学服务中心、教育科研中心、学生评价中心等服务部门。此举，既调动了管理干部的积极性，也保证了学校管理的民主化和专业化。

我校今年将课程中心和教研中心进行了整合，由一个中层干部负责。基于生态型领导思想，课程中心和教研中心积极开发生态型的课程。

开足开全课时。我校严格执行《山东省初中课程实施水平评价指标》，严格落实国家课程方案，注重国家、地方、校本三级课程建设，全面开设国家课程方案规定的语文、数学、英语、综合实践、音乐、美术等课程，合理制定三年课程开设方案，注重国家、地方、校本三级课程建设，课程设置方案科学合理、有创新有特色。

凸显价值引领。充分利用本校优势，拓展课程资源，丰富学生的知识面。充分利用我校建成红色文化广场和党性教育基地，利用秦台军事训练中心的资源，组织学生参加军事拓展训练，结合当前国家发生的重大时事，开发校本课程《红色德育课程》，大力开展理想信念、社会主义核心价值观、中华优秀传统文化、生态文明和心理健康教育，引导少年儿童听党话、跟党走。目前，我校形成了《红色德育》《经典诵读》《校园足球》《礼仪》《安全体验》《民族政策》等校本课程。

（三）研训一体，三级建模——开展生态型教研

基于生态型领导思想，我们必须努力推进研训一体，实现有效教研，在创新教研活动方式上下功夫。

1. 培养生态型组长

基于学校的实际，要充分放权，给教研组长搭建成长的平台，培养生态型教研组长，把他们打造成学科主任，学科主任兼职教研组长。学科主任要进入学校中层（可以是中层副职），学科主任每学期听评课20节以上，做好听课笔记和评议记录，加强与执教教师的交流研讨。教研组长自身的成长，必然激发他们工作热情，从而推动学校教研工作的发展。

2. 强化生态型教研

一是深化备课管理改革。每个学部，以级部为单位，每个学科设立备课组，作为基层教研单位。学校完善"三备两研"制度，每周安排两节课集中备课，开展研究课，每天下午的最后一节，间隔一天进行一次集体备课活动。要求每次备课，都要有改进，都要用不同颜色的笔进行标注，让教师感受到成长的幸福。

二是学校强化校本教研。让学科教研组成为学校组织教学活动、开展校本研修、落实教学管理的基本组织。组织不同类型的研讨活动，如达标课展示、现场观摩、主题研讨、听课诊断、学习交流等活动，促进学科之间的交流。

3. 打造生态型课堂

积极进三级建模。进一步完善6+1高效课堂模式，打造基于本学科特点的6+1高效课堂模式。努力实现高效课堂教学的"1356"。"1"即一个中心，以"学生为中心"，以"学"为中心。"3"即"三个为主，问题为主线、思维为主攻、训练为主干"。问题为主线：设置问题注意学生最近发展区。思维为主攻：始终把学生批判思维能力的培养和训练作为课堂教学的主攻方向。训练为主干：就是要在课堂教学中始终要贯穿着训练。"5"即落实高效课堂的五个依托：导学案、小组合作学习（小组评价）、集体备课、随机听课（倡导随机听课）、问卷调查。"6"即高效课堂的六个环节。

目前，我们的课堂教学能面向全体关注个体，做到分类分层；学生学习活动形式多样，学生学习兴趣高，效果好效率高，在知识整合的基础上，向广度深度延展，学生参与率，目标达成情况好。

4. 设计生态型作业

一是设计好基础性作业。学校统筹调控七、八、九三个年级、不同学科作业数量和作业时间，严格控制作业时间，不得布置惩罚性作业。

二是设计体验性作业。中共中央办公厅、国务院办公厅印发的《关于深化新时代学校思想政治理论课改革创新的若干意见》强调，初中阶段重在开展体验性学习，基于以上认识，我们结合七年级道德与法治课，布置体验性作业：观看纪念抗美援朝胜利 70 周年节目，并写出观后感。结合七年级道德与法治课，布置实践性作业《为妈妈洗脚》。

三是探索弹性作业。在教学中，我们设计层次性作业，在统一作业的基础上，尝试把作业尝试设计成 3 个层次，让学生根据自己的兴趣和能力去选择。

四是设计跨学科作业。我们尝试设计跨学科作业。例如，安排学生设计一个到秦皇河老年公馆看望老人的方案。

五是设计规范书写的作业。语文学科要求学生强化写字练习，既是强化传统文化的需要，又是提升教学质量的要求。

六是强设计改错类作业。学校要求语数英等学科建立纠错本，作为常规检查的必查项目。

七是设计探究性作业。为进一步贯彻新课程理念，改变过去课程实施中过于强调死记硬背、机械训练的现状，我们设置探究性作业，例如八年级物理学科布置学生完成探究性作业《影响音调的因素》。

5. 强化生态型评价

学校定期组织各学科阶段性检测，使用网上阅卷方式，要求教师在检测的当周内进行试卷讲评，并写出学科质量分析报告。各学科考查及时，形式多样，能够及时考查学生听、说、读、写、做等多种学科素养。树立科学成才观念。坚持以德为先、能力为重、全面发展，坚持面向人人、因材施教、知行合一，坚决改变用分数给学生贴标签的做法，立足学生基础，着眼学生德进步，让学生收获幸福。

6. 设计生态型活动

各教研组设计生态型活动。通过晨读活动强化语文朗读背诵默写能力；通过英语沙龙等方式培养学生的英语口语表达能力；通过实施学校美育提升行动，严格落实音乐、美术、书法等课程，提升学生的艺术素养；通过理化生实验探究活动，提升学生的实验水平；通过实施学校体育固本行动，严格执行学生体质健康合格标准，开展一系列运动会，提升学生的体育技能。此举，点亮幸福之灯，照亮学生前行的路。

7. 开展生态型学习

一是推进起航工程，抓好教师外出学习。凡参加省、市级以上听课学习的教师，回校后必须向教研组的老师反馈学习情况，做一次学习报告，提供一篇心得体会，提供一幅在会场的照片，提供一节课的听课记录，执教一节汇报课。

二是青蓝工程两牵手，师徒结对共成长。目前，张爱英、于贝贝等36名教师结成师徒。教研中心每周都要布置青蓝工程结对学习任务，旨在大力加强青年教师的培养，积极为他们成长搭建平台。

三是设立"名师"岗位，实现生态型发展。为贯彻落实《中共山东省委山东省人民政府关于全面深化新时代全省教师队伍建设改革的实施意见》（鲁发〔2018〕44号）精神，进一步加强中小学高水平教师队伍建设，结合滨州市和开发区教育局的要求，我校2个"名师"岗位，苏国强、李云霞老师入选。名师责权利相结合，学校明确他们的岗位职责，进行量化考核，充分发挥他们的专业引领作用，引领更多的教师"走上来"。

（四）重心下移，扁平管理——打造生态型学区

一是大力推进学区管理。通过推行学区制，减少管理层次，降低管理重心，提高管理效率。通过实行竞争上岗，优化毕业班教师队伍，增强教师责任心。借力全区绩效薪酬改革和毕业班奖励机制，激发教师追求教学质量的内动力。通过落实"一二三四"工作思路，即把握一个中心——提高教育质量；突出两个重点——德育一体化和核心素养；落实三个责任——分管校长、学区主任、班主任；坚守四个阵地——党的建设、教师发展、课堂教学、养成教育，统一思想，明确任务，落实责任。实行项目管理制度，所有教师可以自由申请学校拟实施项目，不拘一格挖掘人才，使用人才，推进工作。成立学术委员会，重新修订《教职工考核方案》，对一线教师进行政策倾斜。以上这些做法的目的在于营造一个积极向上、团结奋进的大环境，学校大环境好了，中考成绩一定会水涨船高。

（五）尊重学术，强化引领——开展生态型研究

基于我校教学研究氛围相对浓厚的现状，为营造公平、绿色的学术氛围，我校建立的学术委员会，学术委员会已经成立并开始工作。涉及老师们切身利益的绩效工资、职称评定、专业发展等问题，学术委员会要参与。

但是其成员要优化，其职能应进一步完善。学术委员会就学术事务独立地进行决策、审议、评定和咨询，并对其结果给予应有的尊重，充分发挥学术委员会在学科建设、学术评价、学术发展和学风建设等事项上的重要作用，从而助推我校的教学研究工作高质量发展。

加强生态型领导，是实现学校治理能力现代化的重要举措。这种生态型领导学以多元、民主、互动、合作为主要特征。"多元"即管理主体的多元化，校长、副校长、中层干部不要揽权，要动员更多教职工和学生以及家长参与到管理中来。"民主"就是重视民主机构和民主程序建设，让每个人都有发表意见的场所以及发表意见应该遵循的正确方式。"互动"就是要改变单向的以行政命令为主的交流方式，而代之以双向、多向的以讨论交流为主打对话方式。"合作"主要是致力于建立一个参与、分享式的学习型团队并让团队的每一名成员从中获益。

新时代，新课程，新课堂，新评价，新使命，新挑战，要求我们有新担当、新作为。我们将努力学习生态型领导思想，树立科学质量观，坚持立德树人，牢记为党育人、为国育才使命，充分发挥教育评价的"指挥棒"作用，引导确立科学的育人目标加强生态型领导、建设生态型校园，引领更多的师生"走上来"！

▶▷**第三部分**
初中道德与法治体验性教学研究学路历程

  新加坡南洋理工大学读教育管理硕士学习分为三个阶段。第一阶段在新加坡学习，由于新冠疫情的影响，第二阶段、第三阶段在国内学习的。学习过程充满挑战，令人难忘。作者认真反思每天的学习，形成系列学习心得。

  本部分，结合《坚定制度自信》《学习教育科研方法》等52篇学习日志，再现了作者的学习历程，进一步说明了初中道德与法治体验性教学研究理论支撑。

从滨州到新加坡

2020年1月3日　星期五

今天是一个值得纪念的日子。今天，我到新加坡南洋理工大学报到。凌晨2点50分，我乘车奔赴济南遥墙机场，到达遥墙机场不到5点。这时，来自全省的其他同学已经部分到达机场。经过第一道安检后，我拿到登机牌，办好行李的托运，然后经过第二道更严格的安检，我们顺利登机。

本次航班，从济南直飞新加坡，经过6个半小时的飞行，我们顺利到达新加坡樟宜机场。到达樟宜机场后，我们办入境手续，在排队等候的时候，有志愿者不断帮我们填写入境申请单。入境管理人员，对入境手续审理非常严格细致。

出了机场，新加坡南洋理工大学已经派人来接我们。在从机场到宿舍的大巴上，南洋理工大学的接应老师详细地介绍了宿舍的情况，并安排近2天需要办理的几项工作，同时介绍了新加坡的共享单车的发展情况。相比之下，我国的共享单车发展更好，我充分感受到我国改革开放以来发展的伟大成就。

到达宿舍后，我们顺利入住自己的宿舍。宿舍条件比较简陋，3人一间。鉴于当地的物价比较高，我们宿舍3人决定自己做饭，所以我和同宿舍的翟涛老师买了锅碗瓢盆等炊具，自力更生，艰苦奋斗。

新加坡的物价比较高。晚上吃了一碗米饭，带着一点白菜、油菜和豆腐，花了3.6新加坡币，折合人民18元。这个消费是很高的。

我想克服一切困难，完成本次学习。来之前，马学锋校长和学校主要领导，拿出自己的钱，为我筹集了7.5万元的学费。带着领导的厚爱，带着对学校和孩子们的眷恋，我开始了读教育硕士的里程，我将认真学习，学成必归，报效祖国。

坚定制度自信

2020 年 1 月 5 日　星期日

　　来学习之前，有人对新加坡描述得很美。这是一个多元文化交融的地方，大街上能看到很多肤色不同的人，新加坡的自然风景很美，热带自然风光，也留给我们很多美的感受。但是，很多方面不如国内方便。

　　一是支付不如国内方便。在国内，支付宝、微信使用非常方便，拿着一部手机便可以解决所有的支付问题。但是在新加坡使用现金支付的场合更多。

　　二是共享单车没有得到推广。共享单车在国内用得非常方便，但是在新加坡，共享单车没有得到推广使用，偶尔看到几辆共享单车停放在大街上。

　　三是移动通信资费偏高。现在在国内，多年以前已经实现了单向收费，即接听是不收费的，而且资费套餐很便宜。目前，新加坡的移动通信仍然是双向收费，即拨打和接听都是收费的。每分钟通话 0.16 新元左右，折合人民币 0.9 元多。

　　一出国更爱国。宝贵的真实经历让我更加爱国。想想身后的祖国，由衷地感觉到敬佩。踏出国门的那一刻，我们更懂得爱国了。我们坚定社会主义制度自信，坚定走中国特色社会主义道路。

只争朝夕，不负韶华

2020 年 1 月 6 日　星期一

　　今天上午，我们参加了开学典礼。开学典礼分为四个环节。

一、院长迎新致辞

新加坡南洋理工大学国立教育学院的邓院长作了讲话。他强调了一下内容：

我们必须要主动学习，要充分利用互联网技术，要重返学生生活，每天要反思自己在课堂上的学习内容；要多参加学校举办的研讨活动，体验大学的研究氛围；在新加坡期间，要多了解新加坡的多元文化，多元种族，把新加坡当作自己家外的家。

二、学员代表发言

我们山东硕士一班的班长郑廷伟代表硕士一班的48名同学发言，他代表全体同学感谢新加坡南洋理工大学以及山东省教育厅做出的辛勤努力，表示要争做学习型、研究型的教师，把握各种学习机会，尊重老师，努力学习，争做优秀学生，同时希望同学们结下深厚的友谊。

三、教师代表讲话

南洋理工大学国立教育学院的张延明博士讲话。他指出，南洋理工大学已经成为国际化大学，指出我们硕士学位学习的三个阶段，论文题目确定时间以及学分考核办法，并对我们提出期望与要求。他说教育管理硕士的学习形式是授课、阅读、参与、作业、讲座，每个人请假不可以超过2次，超过3次就会影响成绩。他强调，一定要有安全意识，安全第一、学习第一。他说，写好春秋是写给大家的希望，研究生学习是生成的，只要努力就能通过。

四、行政事务安排

负责班级行政管理的刘老师，就校园概况、如何就医、如何乘坐校车、如何登录校园网络以及新加坡公共假期作了介绍。

开学仪式结束了。我既激动又感到责任重大。学习机会来之不易，学习靠自己的自觉主动。我们必须珍惜这来之不易的学习机会，只争朝夕，不负韶华，刻苦钻研，勇攀高峰，用自己的辛勤和汗水向祖国和家乡交一份圆满的答卷。

中国商品，海外走红

2020年1月7日　星期二

晚上，我和我同学去买书。我们去的是文礼地铁站附近的一个大型超市。这个超市有一层专门卖中国货，可以说，在我们滨州银座超市里面有的，在这里基本都有。

但是，这里的中国货价格却很贵。例如，在国内超市卖25元人民币的北京红星二锅头酒，在这里卖40多新加坡元（折合人民币200多元），这让我们很惊讶。还有产自我们山东的花生、瓜子等，价格基本是国内的2倍。我们oppo手机摆在新加坡大型超市的柜台上。

超市里有专门的中文书籍。里面摆满了许多各种年龄阶段看到的中文书籍。

这里的商铺经营人员很多会讲汉语，或者能讲简单的汉语。一位外国女孩在经营医疗用品，她能用简单的汉语说她是以色列人，她指着自己的衣服说："中国货"，又指着自己的鞋子说"中国的"。因为这里有很多中国人，他们只有学习汉语，才能挣到更多的钱。

走出国门，更为自己的国家感到自豪。我们感到我们的国家改革开放以来的发展速度之快，中国的商品走向世界。我们在国内看似不起眼的商品，在国外很受喜欢，而且价格很高。

我们坚定中国特色社会主义道路自信、理论自信、制度自信、文化自信。

重返学生时代

2020年1月8日　星期三

今天是正式上课的第一天。给我们上课的是南洋理工大学的张延明博士，张博士是美国哈佛大学的高材生。他的课非常认真严谨。

他让我很惊讶的是，他基本能记住我们的班的每个学生的名字。这是第一次给我们上课，可见他在"备学生"方面的用心程度很高。

张博士的课深入浅出，他先是给我们讲了开设这门课的目的，讲授方式，以及评价方式，然后谈了关于变革、管理变革、变革的原动力（"变化"的性质、外力促进变革、环境的基本特征等）。

然后要求我们分组讨论三个问题：变革对高/中层的要求、教育环境的基本特征、对控制中心与分散（行政权）的关系的认识。我们组讨论是第一个问题。

经过讨论，每个组由一名代理展示自己小组的成果。我们展示的内容如下：

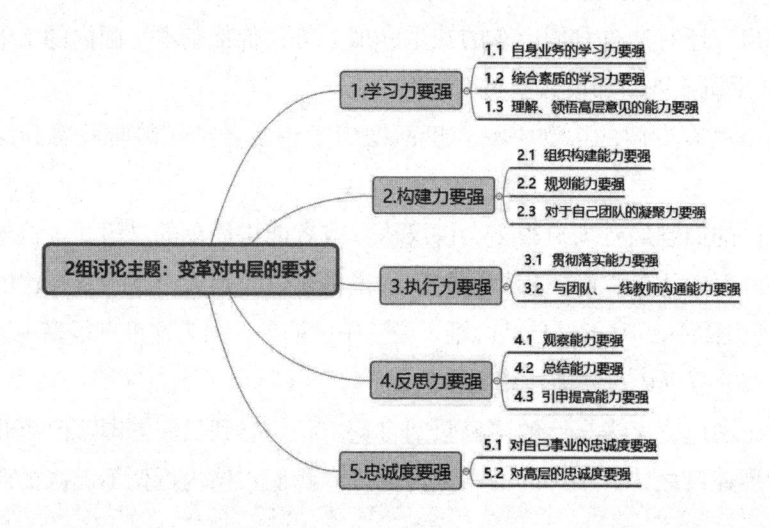

2组讨论主题：变革对中层的要求

- 1. 学习力要强
  - 1.1 自身业务的学习力要强
  - 1.2 综合素质的学习力要强
  - 1.3 理解、领悟高层意见的能力要强
- 2. 构建力要强
  - 2.1 组织构建能力要强
  - 2.2 规划能力要强
  - 2.3 对于自己团队的凝聚力要强
- 3. 执行力要强
  - 3.1 贯彻落实能力要强
  - 3.2 与团队、一线教师沟通能力要强
- 4. 反思力要强
  - 4.1 观察能力要强
  - 4.2 总结能力要强
  - 4.3 引申提高能力要强
- 5. 忠诚度要强
  - 5.1 对自己事业的忠诚度要强
  - 5.2 对高层的忠诚度要强

张博士的课，启发我们上课一定好好备学生，这样才会打动学生，引领学生健康成长。

我们回到了学生时代。我们遨游知识的海洋。

让创新之花在教学管理中绽放

2020 年 1 月 9 日　星期四

今天是正式上课的第二天。我们学习的内容是《创新与组织革新》。本课的教学目的是帮助我们理解创意三要素，了解革新/创新者的特点，学习国学经典中的创意思想。

本次学习主要包括三部分。

一是新授内容。张延明博士给我们介绍了革新、创新及应用，革新与创新的特点，以及经典中的创意思想。张博士文化底蕴非常深厚，他分析了成功革新的六个特点，创新能力与年龄的关系，论述了圣人之道，强调了言者尚其辞。

二是讨论交流。我们分六个组，就"创意三要素给我们的启发，对成功革新六特点的看法，对言者尚其辞的认知"三个方面进行了讨论。

三是总结提升。他总结了成功革新特点、创新者特点、典籍思想等本节所学内容，提出预习任务，要求我们学习"人文、人本"的含义，学习《学记》内容。

学习中，让我感受颇深。我想在今后的工作中，结合我校的实际，向领导建议采取以下做法：实行教师年薪制、岗位工资制、干部轮岗制、首席班主任制、首席教师制、教师星级评定，完善学区制、教学研究中心、学生发展中心、教学服务中心、生活物业中心、督评科研中心。用校史激励人，用工作凝聚人，用氛围净化人，用机制调动人，用改革创新人，用理念领导人。

新加坡基础教育与我国基础教育比较

2020年1月10日　星期五

新加坡基础教育在教育理念、课程管理等方面，注重创新人才培养，很值得我国基础教育学习与借鉴。比较新中两国基础教育的异同，能更深刻地感受与认识新加坡基础教育，促进我国基础教育的改革与发展。

一、两国基础教育的不同点

（一）文化背景不同

中国基础教育植根于中国特色社会主义先进文化。新加坡基础教育植根于多元的文化背景，但是儒家文化起着很多的作用。

（二）管理层级不同

中国人口众多，从教育部到省教育厅、市教育局、区县教育局、学校，一般有4—5个管理层级，新加坡国家小，教育部直接管理学校。新加坡教育部部长直接管校长，教育部部长给校长开会，半小时左右，校长们就能到齐。

（三）教育理念不同

一是我国教育公平与新加坡的精英教育。中国目前的教育，讲究的教育公平，讲究教育的优质均衡发展。新加坡推行精英教育。新加坡内阁资政李光耀曾这样说过：对新加坡人来说，不论种族、宗教或语言，我们必须让有天赋才能的年轻一代接受最高的教育，使他们的潜力得到充分发挥。在这种思想的指导下，新加坡积极地推行精英教育。其理念是，在教育资源有限的情况下，要让优质教育资源首先满足资质优良的学生，以使教育的效益最大化。

新加坡是一个移民很多的国家，第一代移民艰苦奋斗，非常希望下一代生活得更好。下一代人的改变命运的一个重要途径是教育。新加坡是一个连自来水都需要进口的国家，是一个飞机刚起飞，就飞到别的国家的国家，自然资源贫乏，地域狭小，如何保持在国际竞争中的优势？途径也只能是教育。个人和国家的命运交会到一个点上，新加坡人对教育的重视是一种必然。

（四）教育体制不同

一是学制不同。国内义务教育一般是九年，实行五四制或者六三制，不管学生毕业考试成绩如何，都有学校接收学生。高中教育一般是三年。

新加坡教育制度颇为复杂，而且与英国的教育制度非常相似。新加坡的基础教育在东南亚地区处于领先，目前，以英语为基本教学语言。新加坡的小学一般是6年，主课有四门，英文、母语、数学、科学，四门课在日常考试和毕业考试中分量很重。新加坡小学考试成绩决定学生是否能上政府中学。

一般新加坡教育可分三至四个阶段。自2003年以来，六年小学教育对国民是强制性的，再修完四至五年的中学课程，可选读理工学院（三至五年），或初院或高中（两至三年）。其后半数能升上大学。新加坡中小学、初院/高中的毕业统考——小学离校考试（PSLE）、新加坡—剑桥普通教育证书普通水准会考（GCE O-Level）、及新加坡—剑桥普通教育证书高级水准会考（GCE A-Level），是重要的衡量尺标，其会考成绩能直接影响升学能力。

新加坡中小学一般采用半天制，和中国教育制度相比，课堂课没有那么繁忙。初级学院、大专和理工学院则沿用开放全日制。据了解，新加坡的高中没有统一的教材。

二是对学生的管理手段不同。新加坡教育制度以严格著称。新加坡的中小学至今允许校长或训导主任在家长同意的情况下使用鞭刑处罚学生，有些时候鞭刑是公开实施的，虽然很少施行，但仍对其他学生起到威慑作用。在我国，学校和其他教育部门是严禁体罚或者变相体罚学生的。

三是科目设置不同。国内小学教育，由于科目比较多，学生们的精力主要用在掌握书本知识和大纲内容，而不是向更高、深扩展。语文、历史、思想政治学科三个学科，从小学到高中，国家都有一套统一的教材。

新加坡小学教育最有特点的学科是"科学"，它包含的范围非常广，包括国内在初中、高中才学的生物学、物理学、化学的一些基础知识。

二、两国基础教育的相似处

（一）我国的"全面发展"和新加坡的"全面教育"

中国注重的"全面发展"，教育理念是使学生"德智体美劳"全面发展，为祖国培育花朵。2016年开始，我国开始提出《中国学生发展核心素养》，努力培养学生应具备的，能够适应终身发展和社会发展需要的必备品格与关键能力。

新加坡小学注重的"全面教育"，更注重培养孩子的技能、价值观和品格，并确保他们具备 21 世纪所需要的素质。

（二）两国都存在选课

目前，中国中小学课程主要都存在选课，在小学、初中，会基于学生的兴趣，学生的兴趣活动一般是通过设立美术课、体育课、书法课等课程作为选课的内容。在高中，我国已经推行了选课走班，实行"3+X"，"3"即语文、数学、英语，"X"即在物理、化学、生物、政治、历史、地理六科里面选择 3 科。

新加坡中小学课程较为丰富，除了学术课、深广课之外，举办的活动与课程完全照顾到了能力和兴趣各异的学生，并且提供选课。

绿水青山就是金山银山

2020 年 1 月 11 日　星期六

今天是周六。我们的老师张延明博士给我们布置了一个作业，查找"人文""人本"的含义，我们结合张博士的要求，利用周六时间参观新加坡鱼尾狮公园和国家植物园。

在鱼尾狮公园，来自各国的不同肤色的人，说着不同的语言。这里是一个多元文化的交汇处，这里的建筑以中国式建筑为主，融合着西方建筑的风格。这里水面微波荡漾，明媚阳光透过树叶的间隙，一缕一缕地洒在人们的身上，色彩斑斓。

新加坡植物园（Singapore Botanic Gardens）是新加坡首个联合国教科文组织世界文化遗产，占地 74 公顷，公园最南端距最北端约 2.5 公里。新加坡植物园是热带岛屿繁茂的缩影，拥有 20000 多种亚热带、热带的奇异花卉和珍贵树木，可分为热带、亚热带常绿乔木、棕榈、竹类园艺花卉等植物，包括了许多濒临灭绝的品种。

植物园的国家兰花园，大约有 3 万平方米，兰花是新加坡植物园最有特色、最吸引游人的一种植物。

植物园里绿树成荫，到处都是奇花异草。植物园生态保护非常好，在这里，我看到了只有在电视上看到蜥蜴，它拨开树叶，寻觅它喜爱吃的食物。

植物园里的有来自各国的游人。植物园里的路崎岖错综，虽然有路标，但是我们英语不是太好，有些拿不准。我们向一个路过的人问路，他不会讲汉语，但是非常友好，非常有耐心地给我们讲如何到植物园的深处。我们也只能用比较简单的英语跟他交流，基本明白了他说的意思。我们很高兴。

在植物园行走，在鱼尾狮公园，我们深深感受到一个道理——绿水青山就是金山银山。新加坡被称为"花园城市"，不及深圳的一半，如今旅游业已经成为新加坡的支柱产业，这与它良好的生态环境是分不开的。

我们查找了"人文"的含义：指人类社会的各种文化现象，包括各种景观，是一种强调以人为主体，尊重人的价值，关心人的利益的思想观念。人本思想的提出可以上溯到孔孟，"仁者爱人，民为贵，君为轻，社稷次之"，西方文艺复兴时启蒙运动把人本主义提高到空前高度，如今人本思想已成为社会一种主流的价值取向。新加坡的园林设计彰显了浓厚的人本主义思想。

新加坡的园林设计启发我们，我们要坚持习近平新时代中国特色社会主义思想，坚持以人民为中心的发展思想，坚定走绿色发展道路，建设美丽中国。

从《学记》中感受教育经典的魅力

2020年1月12日　星期日

今天是周日。我们的老师张延明博士给我们布置了一个作业，读教育经典《学记》。《学记》是我国古代儒家学派的著作，成书年代和作者，各家说法不一。它的内容丰富，观点新颖，从教育目的、教育原则和教学方法，以及如何选择和尊师重教等方面，都做了比较全面的论述。

《学记》一书总结了我国古代教育工作者的经验，是千百万教育工作者的辛勤劳动的结晶，是劳动人民创造的结果。今天，我们要认真学习，取其精华，使其发扬光大，结出硕果，为中国特色社会主义建设服务。下面谈一下自己的学习感受。

经典原文1：君子如欲化民成俗，其必由学乎！

原文释义：执政的人如果想要教化人民，培养良风美俗，只有通过兴办教育办学校来达到目的。

感悟心得：两千年前的教育经典对我们有着重要的指导意义。要实现伟大复兴的中国梦，我们必须落实科教兴国战略，大力发展教育。

经典原文2：教然后知困。知困，然后能自强也

原文释义：只有通过学习实践，才能发现自己的欠缺，只有通过教学实践，才能感到疑难困惑。

感悟心得：我们要坚持教学相长的原则。教的过程也是学的过程，教与学是相辅相成、彼此促进的。"教学相长"深刻揭示了教与学之间的辩证关系，两者相互依存，相互促进，"学"因"教"而日进，"教"因"学"而益深。教学实践中，我们要大胆地把课堂还给学生，充分发挥学生的学习主体作用，发挥教师的主导作用。学生自学、学生对学，学生群学，教师点拨，各个环节融为一体。教师在教学中，要根据教学实践，不断反思，改进教学。

经典原文3：大学始教，皮弁祭菜，示敬道也。

原文释义：大学开学的时候，〔天子或官吏〕穿着礼服，备有祭菜来祭祀先哲，表示尊师重道。

感悟心得：师重教是中华民族的传统美德。我们必须将这一美德传承下去，必须在全社会营造尊师重教的美德，不断提高教师的社会地位和经济地位，吸引更优秀的人才进入教师队伍。

经典原文4：夏楚二物，收其威也。

原文释义：学校里备有戒尺，来约束学生的仪容举止。

感悟心得：古代的老师就拥有惩戒权，今天，学校教师必须有一定的惩戒权。近两年来，校园欺凌事件屡屡见诸报端，校园欺凌事件的发生也暴露出社会各方对青少年身心健康教育方面的漏洞。教师没有惩戒权，往往处于尴尬的处境。当然，惩戒绝不等于体罚，我们赋予惩戒权并不等于赋予体罚权，这是我们必须厘清的一点。2019 年 11 月 22 日，教育部对外发布《中小学教师实施教育惩戒规则（征求意见稿）》，提出教育惩戒是教师履行教育教学职责的必要手段和法定职权。

用先进教育理念引领教学实践

2020 年 1 月 13 日　星期一

今天我们学习了《教育理念：变革与提升》。我们的老师张延明博士给我们阐述了"理念　信念　观念和价值观""观念更新"以及"理念提升"的内涵，并要求我们就"教育管理理念""办学理念""教学理念"进行讨论并写出相关的理念。

学习之后，我想我们要用先进的理念引领教学。

"教育管理理念""办学理念""教学理念"是既有区别又有联系的三个概念。

教育管理理念是教育主体在教育实践及教育管理活动中形成的对教育的理性认识和主观要求。它渗透着人们对"理想教育"的价值取向或价值倾向的向往、追求和观念。

例如民主与科学是一个教育管理理念。

民主管理是学校管理的基本原则，它的显著特点就是以人为本，即人本管理。科学管理是学校管理的基本保障，它的显著特点就是管理精细化，即目标精细化、岗位职责精细化、岗位标准精细化、岗位评价精细化。

办学理念：是教育理念的子概念，是校长基于"办怎么样的学校"和"怎样办好学校"的深层次思考。办学理念是为教育理念服务的。

例如：某学校的办学理念是"适美"教育（"适其性，美其美"）。

《中庸》开篇："天命之谓性，率性之谓道，修道之谓教。"意思是说：

人的自然禀赋叫作"性",顺着本性行事叫作"道",按照"道"的原则修养叫作"教"。"适其性",就是从这句话中受到的启发。即尊重学生的天性、个性,为其提供适合的教育。

"美其美"源于著名社会学家费孝通先生的名言"各美其美,美人之美,美美与共,天下大同"。旨在通过尊重个性、尊重差异的适合教育,追求各个校区、每一位师生最好的自己,从而达到"各美其美,美美与共"的美好愿景。

又如某小学的办学理念:"光·润教育"("向光生长,生命绽放")

老子说,"道法自然"。自然界中能给教育以启示的事物比比皆是,比如阳光:热情、公正、博爱、无私、规律……每一个词都与教育息息相关。《管子·形势》:"春夏生长,秋冬收藏,四时之节也。"生长,是一种生命现象,是一种成长过程,是美好生命的展开。"向光生长",是希望打造一所处处充满光的学校,打造和谐生长的发展型教育生态。像植物会不断地转向光亮处生长一样,这一发展型教育生态也是自然而然的、向着光亮处生长的过程。

著名教育家叶圣陶说:"受教育的人的确跟种子一样,全都是有生命的,能自己发育自己成长的;给他们充分的合适的条件,他们就能成为有用之才。所谓办教育,最主要的就是给受教育者提供充分的合适条件。""生命绽放":是希望我们的教育可以为每个儿童的生命、生活、生长提供必要且充分的条件;尊重生命的规律、尊重生活的需求、面向未来的生长。给儿童带去心灵的润泽、成长的温暖、生命的关怀。教育只要遵循儿童成长规律,提供阳光雨露,润泽每一个生命个体,儿童便能绽放绚烂光彩。

教学理念是基于"如何搞好教学"的深层次思考,是为教育理念服务的。

例如:某学校教师的教学理念是:学思践悟,以学促教。

学思践悟。学,就是学习,立身以立学为先,立学以读书为本;思,就是思考,思考,是一个理解和判断的过程;践,就是实践,"纸上得来终觉浅,绝知此事要躬行",理论学习固然很重要,但若是没有应用到实践中去,那么理论便失去了存在的价值。此外践还必须践迹,《论语·先进》中,子张问善人之道,子曰:"不践迹,亦不入于室。"意思是子张问做善人的方法,孔子说:"如果不沿着前人的脚印走,其学问和修养就不到家,所以我们还需要参考前人的做法，在实践中去参悟；悟，就是感悟。总之，学而思，思而践，践而悟，悟而学，如此循环，方能知行合一，不断提升自身综合素养。

以学促教。教师教学首先要尊重学情、依据学情，在尊重学生基础上来确定教学方法、教学策略，同时教学中要强调知识的生成过程、自我构建过程。学生的学在前，教师的教在后，最后实现教学相长。

不同学校具有不同办学理念，但是同一所学校的办学理念应该具有相对稳定性，不必换一位校长就完全推翻以往学校的办学理念。同一所学校办学理念也不是一成不变的。

当然，既要避免个别校长任职多年没有办学理念，也要避免老师没有教学理念的现象。所以，我们要学习先进教育管理理念、办学理念、教学理念，在先进理念的指导下，基于提升学生核心素养，大力推进创新，落实立德树人根本任务，推进学校教育的高质量发展。

掌握 21 世纪技能，要从教室开始

2020 年 1 月 15 日　星期三

今天我们学习了《学生素质：培养模式的更新》，主要学习了四个方面的问题，即《新期望》《认知能力》《素质要素》《复合型模式》。本节课，张延明博士提出了三个讨论问题，其中一个问题是为什么掌握 21 世纪技能要从教室里开始，这也是我们组负责讨论的问题。我代表我们二组发言，发言内容如下：

一、正确理解 21 世纪技能

学习与创新技能——批判性思考和解决问题能力、沟通与协作能力、创造与革新能力；培养数字素养技能——信息素养、媒体素养、信息与通信技术素养；职业与生活技能——灵活性与适应能力、主动性与自我导向、社交与跨文化交流能力、高效的生产力、责任感、领导力等。具体到我国学生来说，就是提升学生的核心素养，即培养学生终身发展所需的关键能力和必备品质。

包括文化基础、自主发展、社会参与三个维度的六个方面：即人文底蕴、科学精神、学会学习、健康生活、责任担当、实践创新。

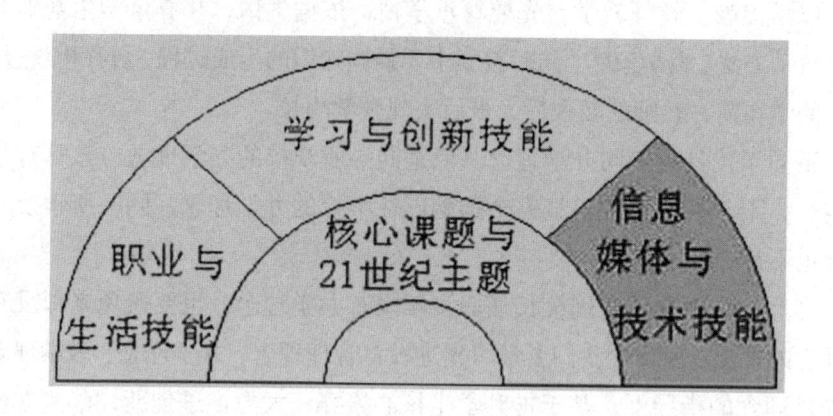

二、分析为掌握21世纪技能要从教室里开始的原因

一是落实国家课程方案需要从教室开始。培养担当民族复兴大任的时代新人，国家课程承担着培养时代新人的重大责任，它是整个课程体系的指南针和基础。国家课程是国家对中小学生核心素养发展要求的基本规定，而核心素养是社会主义核心价值观的具体体现和落实。能否达到这些基本规定要求，能否实现课程标准的要求，不仅影响学生的当下发展，更影响学生的未来发展，影响着21世纪技能的培养。

二是提升学生核心素养的需要从教室开始。师生互动、生生互动、合作交流需要从教室开始。这种互动交流是教师与学生之间相互影响的平等的对话过程，这种过程强调的是优势互补、资源共享、相互讨论、共同提高的过程，也是生成新的教学资源的过程，生成是一道没有预约的风景。

基于学生年龄特点，实施班级授课仍是教学的主渠道，在教室中培养的合作交流等技能，有利于培养学生认知能力、合作能力等关键能力，从而为培养21世纪技能打下基础。

三是实现师生共同成长需要从教室开始。"亲其师，信其道。"教师对学生的教育是否有效，在很大程度上取决于师生关系是否和谐、融洽。师生间如果没有良好的关系做铺垫，那么教育必将成为无根之木、无源之水。总之，掌握21世纪技能从教室里开始，有利于发挥教师在教学中的主导作用，有利于建立亦师亦友的师生关系，有利于实现师生教学相长。

培育人文素养　涵养教师气质

2020年1月16日　星期四

今天我们学习了《教师的人文涵养》。张延明博士给我们介绍了四部分内容，一是人文涵养（教师必需）；二是人文思考方法；三是人文核心学科；四是赋有人文涵养的意义。张博士留给我们思考的问题是：为什么人文涵养是教师之必需。

一个优秀的教师，一定是文化底蕴浓厚的教师。一个文化底蕴浓厚的教师，一定是具有人文精神的教师。只有提高自己的人文素养，教师才能从教书匠成长为能师、经师甚至名师。

一、人文涵养有利于教师形成责任意识

"一个依赖祖先的民族是没有前途的"，"一个忘记历史的民族是没有希望的"。教师经常阅读经典，与思想家、教育家对话，提高人文素养，培养科学精神，积累人文知识，有利于提高自身思想的高度，有利于从知识导向转变为能力导向，有利于将知识转变为智慧。

有利于提升自己的历史使命感和责任感。

二、人文涵养有利于教师实现自我反思

人文思考方法和人文科学知识是人文学养的重要成分。人文思考方法和人文科学知识有利于教师形成优良的反思意识，有利于教师反思自己的处世为人是否符合一个人民教师的准则要求，是否符合为人师表的要求，是否符合现代教育改革的理念，是否以人为本，有利于反思自己的育人过程与手段是否能够达到育人的目的。

教师只有具备反思的意识，并且及时反思，在反思中纠正，在反思中前进，才能使自己的为人和教育工作日趋完美，才能使自己的教师形象深入学生的

心灵。

三、人文涵养有利于落实立德树人任务

我们现在所说的人文，或者人文精神，或者人文思想，是指人类文化中先进的、科学的、优秀的部分，我国教育中，由于急于培养有用之才，因此常常忽视丰富人的精神世界；加之授课形式主要以教师传授为主，内化不足，所以培养出来的学生虽然具有一定的知识、技术或艺术，但往往知识面狭窄，能力畸形，缺乏较深厚的素养，尤其是人文素养。

教师的人文知识，是教师人文涵养的基本组成部分，主要包括中华优秀传统文化、历史知识、哲学知识、美学知识等方面。教师的人文精神，是教师人文涵养的核心要素。

立德树人是教育的根本任务。培养德智体美劳全面发展的社会主义建设者和接班人，是大学肩负的神圣使命。中华优秀传统文化教育是落实立德树人根本任务的重要基础，是构建中华优秀传统文化传承发展体系的重要途径。教师是中华优秀传统文化教育的责任主体，对中华优秀传统文化的价值认同和自觉践行直接影响着学生及家长，因此，提升教师的人文涵养有利于引导学生传承者和弘扬中华优秀传统文化，人文涵养，有利于提升人文教育能力，有利于落实立德树人根本任务。

参赞老乡送温暖　异域他国更亲切

2020 年 1 月 17 日　星期五

1月17日上午，中国驻新加坡大使馆教育参赞康凯来到南洋理工大学看望在此生活的中国山东教育管理硕士班学生。活动分为三个部分。

一是中国驻新加坡大使馆教育参赞发言。教育参赞康凯作了发言，他说本次来南洋理工大学，他有三个身份：其一是中国驻新加坡大使馆教育参赞；其二是山东的老乡，他是淄博人；其三是南洋理工大学的校友，他曾在南洋理工大学就读硕士。

康凯同志对我们提出了系列要求和建议。他指出，学习是终身的事情，要珍惜学习机会，要注意安全，要遵守交通规则，要有很强的安全意识，要防止电信诈骗，外出活动要结伴而行。

二是孔丽娟主任提出系列要求。南洋理工大学国立教育学院中国事务项目孔丽娟主任对各位学员提出学习和生活方面的要求。

三是硕士班学员代表发言。部分学员分别介绍自己的学校、家乡以及在新加坡的生活学习感受。班长郑廷伟、书记渠月、丁莉莉等分别介绍了自己的情况。

我们的心中感受到一股暖流。参加活动的老师一致表示，一定珍惜本次学习机会，努力学习先进的管理经验，与新加坡人民友好交往，做友好交往的使者，为中新友谊的发展做出积极贡献。

"十个目标"为教师插上成长的翅膀

2020年1月18日　星期六

南洋理工大学国立教育学院中国事务项目孔丽娟主任要求每个人在学期期间要完成十个目标，要求每个人制定好自己的十个目标。

古人有云："凡事预则立，不预则废，"做任何事情都需要有规划引领，明确目标、明确方向，方能运筹帷幄、决胜千里。今天，我们来到新加坡读教育管理硕士，时间紧，任务重，更应对自己的时间有合理的规划，要有明确的方向来激励自己成长与进步，砥砺前行、紧跟时代步伐。

按照孔主任的要求，我制定了自己的十个目标，分别是：

1. 认真听课研讨

2. 按时完成作业

3. 完成毕业论文

4. 感受多元文化

5. 练习太极拳，锻炼，减肥

6. 中新基础教育比较

7. 每天撰写日志或心得

8. 摄影

9. 交友，学习兄弟学校的管理经验

10. 读一本教学管理方面的书

优秀教师不是谁随随便便就能成功的。优秀的教师有诸多的优点让我们去学习。今天，我们作为齐鲁名师赴新加坡读硕士，就应当有自己的追求，就必须坚持刻苦地学习，不停留在自己的高原期，要不断更新理念以及教育教学思想方法，永远向高峰攀登。

感受人文涵养的意义

2020年1月19日　星期日

今天我复习了《教师的人文涵养》。张博士留给我们一个思考题——教师富有人文涵养的意义。

一、教师富有人文涵养更好地彰显教育的真谛

早年间，钱三强先生立志立德，正是得益于人文教育。他中学时代即就读于蔡元培先生创办的孔德学校，接受德智体美的全人教育，名字也由"钱秉穹"改为"钱三强"，意为德智体都强。教师富有人文涵养，才能将历史文化、哲学伦理、文学艺术、自然科学等学科知识交汇融通，以文化人的特点，引领学生涵育健全人格，引领学生弘扬伟大民族精神，践行社会主义核心价值观。

未来祖国的建设者，不仅要有追求卓越之心，更重要的是涵养赋予产品生命和内涵、在技术中融入巧思和灵魂的能力。当前，我国正在为实现伟大复兴中国梦而奋斗，将人文教育的土壤培育得更肥沃、渠道拓展得更宽、内涵挖得更深，才能以更高质量的教育为国家的转型发展输送更合格的社会主义建设者和接班人。

二、教师富有人文涵养才能实现既教书又育人

在新时代，立德树人就是要求教育要坚定不移地指向培养中国特色社会主义合格建设者和接班人的根本任务。传道者自己首先要明道、信道。正确的教育信仰是教师在多元文化交融、多种思潮涌动、多样价值并存的社会境域下，坚守职业道德、永葆职业操守的保障。《礼记·文王世子》中说："师也者，教之以事而喻诸德者也。"教师富有人文涵养，具备高尚的道德情操才能使学生"亲其师信其道"。

三、教师富有人文涵养有利于身教与言教的统一

好的老师可以给学生树立正面形象，会给学生以示范、激励和引领，让他们觉得榜样就在身边。教师富有人文涵养，才能弘扬中华民族的传统美德，才能有感恩精神，乐于助人，谦让宽容，自省自律，才能树立文化自信，才能成为一名有理想信念、有道德情操、有扎实学识、有仁爱之心的好老师，以自己的言传身教去影响和教育学生。

做一个有人本思想的教师

2020年1月20日　星期一

今天，张博士以"大雪暮深景，清明上河图"创设导入情景，指出，文化就是根植在人们意识深处的对于事务的理解，比如人们常把龙与珠放在一起，而是把凤与牡丹放在一起，这种无意识的匹配和潜意识的默认存在，大概就是我们的文化吧。

我们主要学习了三个方面的内容：一是人本主义研究（Humanistic Studies）；二是人本主义教师（Humanistic Teachers）；三是总结（Summary Points）。

通过学习，我们了解了人本主义理论，理解人本心理学特点。

熟悉人本思想的教师的能力，认识了人文关怀是人文教育的核心。我们

了解了卡尔·罗杰斯（Carl Rogers，1902—1987）创立的"人本主义"（Humanistic psychology）理论。

如何做一名具有人本思想的教师？我想要做到以下几点：

一、教师需要具备人文学科知识

这要求我们认真学习人文学科知识，学习语言、哲学，学习中华民族的优秀传统文化，借鉴优秀外来文化，探寻中华民族优秀的文化内涵等。

二、教师要理解人本思想

1. 以学生为中心，要提供学生所需，让教师有更多的思考，更多探索学生需要的知识。教师要给学生灵活的资源，要给学生提供广泛的学习材料。引领学生更积极的学习。

2. 要对学生施以人文关怀。人文精神的核心是对人的尊重，既尊重自己，也尊重他人，尊重他人的人格、他人的创造、他人为社会进步和人民幸福所做的一切。人文的思想闪光的、发扬的便是人文精神，对我们教师职业来说，核心就是教师学生互相尊重。基于以上认识，我们要激发学生立志，要引导学生明确生活目的和生活质量。要引导学生向上、向善、向好。

对学生施以人文关怀，是教师职责所在。为使学生富有所期望的品格，我们教师履行关怀的职责至关重要。

三、在实践中践行人本思想

教师和家长都不可能把自己的意志强加给学生。我们应当反思，在学生成长中，教师做了哪一件事能让学生为之所动，进入花开的季节。张博士给我们讲过这么一个故事：他上中学的时候，他的父亲，送给他一支英雄牌钢笔，笔帽上刻着"博士"两个字，这激励着张老师，他经过十八年的奋斗，终于拿到美国哈佛大学的博士学位。张教授用自己的故事，给我们上课，体现出来的是一种人本思想，对我们施以人文关怀，引导我们向上、向好、向善。张教授成长的故事，深深地打动了我们。

这启发我们在管理工作中，对同事要施以人文关怀，对同事关心，和同事交心，关注老师的生活学习状况，关注老师业务成长的诉求。例如，我们尽可能为老师搭建成长的平台，积极申请课题，提升教师的教科研能力，带领大家一起成长；积极承办省市级的学科教研活动，给老师们搭建展示才华的舞台。积极推进青蓝工程、名师工程，引领年轻教师实现成长。

这启发我们在教学工作中，对学生要施以人文关怀。我们要带着激情备课，带着温情上课。把学生看作是自己的孩子。在课堂中，要关注孩子的差异，分层设计问题，分层设计作业，把课堂还给孩子，教师和学生一起讨论，把自己成长中的故事，在恰当的时机展示给学生，引导学生自学、对学、群学，引导学生在探究中体验，在合作中学习，让我们的课堂，既感动了学生，也教育了自己，教师和学生一起成长。

这启发我们在班级工作中，对学生要施以人文关怀。坚持不让一个孩子掉队，给每个孩子搭建成长的平台，推行值日班长，坚持让学生人人有事干，事事有人干。关怀班级中留守儿童，关心困难家庭的孩子，都要注意方法和技巧。推进多元评价，关注学生的动态发展，给学生成功的体验。

要卓越，不要一般；要精到，不要完美；下功夫，不要取巧。做一名具有人本思想的教师，我们在路上。

"元亨利贞"对现代教育管理的启示

2020 年 1 月 23 日　星期四

元亨利贞，通常认为语出《易经》乾卦的卦辞，原文："乾，元亨利贞。"

"元"，为大、为始，引义为善长，为春；"亨"为通，引义为嘉会，为夏。"利"为美利，引义为义和，为秋；"贞"为正，引义为干事，为冬。

"元亨利贞"分别代表仁、礼、义、正。

"元亨利贞"，描述了君子的四个特征，作为教育管理者应具备这些特征。

元者，善之长。君子体仁足以长人。"体仁"，实践、履行仁爱之德。"长"，领导、管理、指挥、统治的意思。也就是说，一位教育管理者，要实践仁爱之德，才能对学校进行领导或管理，一位班主任对学生要有爱心，将"爱"的理念贯彻到教学和工作，要善于发现"坏孩子"身上的闪光点，不要拒他们于千里之外，要和他们缩短距离，给予他们浓浓的爱意，才能管好这个班级。作为教师，要有理想信念，有仁爱之心，教师的"爱心"不仅体现在校内及课堂上，更应随时随地播撒进每个学生心田，课堂上她是学生的老师，生活中她是学生的"慈母、严父"，爱心是心与心沟通的桥梁。

亨者，嘉之会，"嘉会足以合礼"，良好的因素集合起来，才可以合乎礼仪，形成良好秩序。这要求我们教育管理者要做到上下沟通、左右沟通、内外沟通，协调不同意见，求大同，存小异，求得共识，达成一致行动。无论作为校长还是中层干部，要充分理解"亨"的价值和意义，做好协调，提高工作效率。作为学校，要建设好教代会、家委会、学术委员会，开好学校办公会，充分发扬民主，集思广益，形成科学决策。

利者，义之和，"利物足以合义。"告诉我们，长远的真实利益，来源于人们对于合宜性的考虑。这要求我们教育管理者要综合考虑，立足长远利益，统筹规划学校的工作，推进名师工程、读书工程、青蓝工程，为教师的专业成长搭建平台。对学生来说，要立足学生的可持续发展，创办适合学生的教育，为学生的终身发展奠基。总之，教育管理者要推进学校教育的高质量发展。

贞者，事之干，"贞固足以干事。"告诉我们，君子有坚持正道之德，便足以办好事情。作为教育管理者，我们要知正守正，保持高尚的情操，学习圣人的品德，要不断学习，要有高尚情操，以德服人，以德感人。作为一线教师，立足学科教学，坚持德育为先，责任不仅仅是把知识传授给学生，同时还要教育学生成人、成才，这要求教师要有高尚的道德修养，对学生的理解、宽容、原谅、赏识、信任，形成的一种心理相容，师生关系体现平等和尊重，体现出我们人民教师优秀的师德，这样才会"随风潜入夜，润物细无声"，才会提升学生核心素养，落实立德树人根本任务。

新加坡春节——异国他乡的年味（一）

2020年1月24日　星期五

今天是大年三十，是一个阖家欢乐，万家团圆的日子。我在新加坡南洋理工大学读教育管理硕士，按照省里的安排，我们不能回家过年。我们在新加坡过春节，这是一个有特殊意义的春节，这是我人生第一次不在家过年，第一次在国外过年，第一次在夏天过年。

今天上午，我们相约盛松超市，购置了年货，这里的超市的年味也很浓。盛松的中国食品很全，连韭菜和蒜薹都有，基本是进口的，有很多是从中国进口的。各种酱料也是一应俱全，价格稍微贵了点。在新加坡，华人占全国居民比例超过70%。在超市，可以听到包括粤语、闽南语、客家话等多种中国方言，也能够感受到中国春联、福字、过新年歌曲等充满中国元素的文化。超市里也有促销活动，例如推销啤酒的，买五箱，就可以抽奖，一个黑皮肤的年轻人买了五箱啤酒，利用机器抽奖，抽到18元新币。推销员是一位华人女孩，她看到华人讲华语，看到非华人，马上换成英语，还用激动的语气说："中奖了，中奖了！"

我们本想多买一些年货，热情的门卫师傅告诉我，超市初一正常营业，不要买得太多。

中午我们包饺子。隔壁宿舍的马瑞娟校长、王爱东校长，过来和我们一起包饺子。我们自己和面、擀皮，调馅，然后我们动手包饺子。我们吃上了香喷喷的中国饺子，每人倒上一杯果汁，共同举杯，庆贺新年，在异国他乡感受到年的味道。

新加坡的中国春节，更能体验华人文化在异国他乡发展出的独具一格的文化氛围。

新加坡的春节发展至今已不仅仅是华人的节日，而是汇聚新加坡各个民族的狂欢盛宴。大年三十的下午四点，盛松超市就关门了，可见他们对春节的重视。

晚上，我们和淄博、潍坊的几个校长一起共同迎接鼠年新年，郑莉莉老师说，在国外过春节，更懂得爱国。我们还一起唱起了国歌，共同庆祝新年的到来，共同祝福我们伟大祖国繁荣昌盛，共同表达我们的爱国之情。

新年的钟声敲响之后，我们和家乡的同学朋友通过微信互致新年问候，表达对家人的祝福和思乡之情。

新加坡春节——异国他乡的年味（二）

2020 年 1 月 25 日　星期六

今天是大年初一。早晨，我们宿舍的三个人和隔壁马瑞娟校长一起包饺子。

鉴于国内疫情爆发，新加坡也发现了病例，中国驻新加坡大使馆的康凯参赞和新加坡国立教育学院的孔丽娟女士建议我们不要到景点等人员多的地方去，建议外出戴口罩。我就在宿舍周围转了转，看了看学校周边的斗天宫和竹林寺。

斗天宫是一个宗教场所，里面有四斗天尊（师父公），Five Battalion Commanders（wu ying shen jiang）五营神将、Da Bo Gong（Tua Pek Kong）大伯公、er lang shen 二郎神等。

斗天宫和竹林寺是宗教场所。春节期间来上香的人不少，他们以此表达对美好生活的祝愿。

李光耀先生曾经说："世界决定了我们的命运，我们毫无选择余地。"他又说："新加坡没有腹地，世界就是腹地。"这就是新加坡典型的"认命"哲学，集体危机感成了新加坡不断求变、不断进步的原动力。

中午，我赶回宿舍，简单地吃了点饭。通过网络了解了我们学校和家乡的疫情防控情况。

这是一个特别的春节，我的心情很沉重，我在异国他乡，也在默默地为亲人、为祖国祈祷，祝愿我们祖国早日战胜疫情。

新加坡社会研究教材和我国道德与法治教材的比较
——以新加坡中三社会研究教材为例

2020年1月25日　周六

今天我翻看了新加坡中三的社会生活教材，主要包括以下内容：

主题：国家的诞生

　　1. 东南亚——从殖民地到国家

　　2. 新加坡——从殖民地到独立

主题：和谐与不和谐

　　3. 国家分裂了

　　4. 这种联系——以瑞士为例

主题：冲突与合作

　　5. 国家间的冲突

　　6. 维护和平——外交和威慑

主题：增长的国家，

　　7. 新加坡的工业发展（20世纪60—80年代）

　　8. 日本工业发展的故事

从以上内容中，可以看出中国初中道德与法治教育和新加坡的社会生活教育以下异同点。

一、相似之处

一是采用主题化模式，把教学内容分为几个生活化的主题。

二是加强爱国主义教育，注重增强学生的国家认同教育。

三是新加坡的社会研究学科也设置了配套的复习用书。

二、不同之处

一是新加坡注重将历史和思想政治教育融合起来，强化了学科的融合。

我国的道德与法治教育，在初中作为一个学科出现。

二是强化研究性学习的训练，提出研究性、学习性、学习技能训练和考试要求，强化回答问题方法和技能的训练，例如：SKLLS3 Answering Source-based Questions 我国的初中道德与法治教材上只是提出了合作探究、拓展空间的问题。

新加坡春节——异国他乡的年味（三）

2020 年 1 月 27 日　星期一

今天是大年初三。今天，中国驻新加坡大使馆教育处的乔丹主任咨询我们过去15天旅行史的情况。我们是1月3日来的新加坡，已经在新加坡25天了，没有这个情况。我也向学校马校长汇报了我在新加坡近期的情况，告诉他，我时刻关心着家里抗击疫情的情况，并对马校长及全校师生为抗击疫情而做出的努力表示敬意。

全国人民在党中央的领导下，团结一心，奋力抗击疫情。今天中午的一组反映医生在武汉抗击疫情的照片，让人感动。下面是节选的几个镜头：

除夕夜，一位无法回家的医生给小女儿录了段视频，后面同事还比画着"爱心"，这位医生说，宝贝，不要担心我，妈妈这里有很多阿姨，一起陪我过春节噢。说完她低头强忍着眼泪。

武汉一位医生自觉和家人隔离，一边是在一线与疫情抗争的医生，自觉与家人隔离；另一边，80岁老母亲弯腰给医生孩子送年夜饭，求求你，一定要保重啊。

一名医护人员下夜班后摘下手套，他的手变得皱皱巴巴，长时间穿着厚厚的防护服，手出了很多汗……，汗水把双手浸泡得面目全非。

一位全副武装的医生，望着3米外的女儿，流下了热泪。

看到这些，我对这些白衣天使肃然起敬，感动的泪水潸然而下。在这个特殊时期，他们舍小家，顾大家，是他们帮我们渡过难关，他们热爱自己的生命，更尊重别人的生命，他们用爱心和责任实现着自己的生命价值。他们是最美的人。

这是多么好的教学资源。《七年级道德与法治（上册）》有两节课，一节是《敬畏生命》，一节是《活出生命的精彩》。我想我们定要用好这些资源，在课堂上展示最美医生的事迹，去引领我们的孩子敬畏生命，活出生命的精彩！

看到医生们做出的努力，我们不仅感动，而且要付诸行动，作为一个普通公民，要服从国家安排，顾全大局，不转发未经证实的消息，自我隔离，避免聚会，出门戴口罩，室内通风，回家洗手，在国家面临困难的时候，为国家尽一份微薄的力量。

初学《周易》

2020 年 1 月 29 日　星期三

今天是春节后第一天上课。我们上午学习了第九讲，学习了三个方面的内容。

一、学习了阅读《易经》的要诀（Tips for Reading *I Ching*）

一是了解八卦，八个卦：大象；六十四卦：象；六爻：小象。二是理解象征——主题：形象、抽象、想象。三是留意版本、结构：易（经，六十四卦）爻，辞。四是区别术语（与一般用语）。五是别陷入迷思（误解）。六是阅读正文。"无咎"，"吝""潜龙勿用""群龙无首"，留意古汉语与现代汉语的区别。七是应用。获得灵感，汲取要义。八是总结。学习周易的意义：讲变革，易中哲理；别人说到……，知其根源；源泉所在（易）变蛮理。掌握学习方法：看注不看译，感叹记灵感。

二、八卦的演变

八象： 天　　地　　水　　火　　雷　　山　　风　　泽
　　　 Sky Earth Water Fire Thunder Mountain Wind Swamp
象征： 乾　　坤　　坎　　离　　震　　艮　　巽　　兑

八卦图的特点：图式最简单、内涵最丰富、造型最完美。

静而生阴，阴极而动；动而生阳，动极而静。

八卦图的含义：结构，玄机，法则，规则，平衡，圆融，变易，方向。

三、河图、洛书（Myths and Legends）

《易经·系辞上传》第九章

天一地二，天三地四，天五地六，天七地八，天九地十。天数五，地数五，五位相得而各有合。天数二十有五，地数三十，凡天地之数，五十有五，此所以成变化而行鬼神也。

大衍之数五十，其用四十有九。分而为二以象两，挂一以象三，揲（shé）之以四以象四时，归奇於扐（lè）以象闰，故再扐而后挂。乾之策，二百一十有六。坤之策，百四十有四。凡三百有六十，当期之日。二篇之策，万有一千五百二十，当万物之数也。从《河图》中得来。

A. Concept 天一地二。天［阳］地［阴］在天宫　管28星宿

B. 系统　运动平衡：左旋之理，坐北朝南，左东右西，水生木、木生火、火生土、土生金、金生水，为五行左旋相生。

在步行中感受人文之美

2020 年 1 月 30 日　星期四

今天是周四，大年初六。上午上课结束后，我没有乘坐199公交车，自己步行回宿舍。我在百度地图上一看，步行需要1个小时。我一边步行，一边欣赏沿路别样的风景。原来，我一直乘坐公交，还真没欣赏到这么美的

风景。

开始我还真不知道回宿舍的路，一边打着导航，一边琢磨如何走。学校的学生宿舍区，在茂密树叶的遮挡下，显得更加美丽，据了解，这里住宿的都是外国留学生，本土学生是不住宿的，在南洋理工大学宿舍的一楼，还有餐厅，学生就餐很方便。南洋理工大学南洋路的左侧，是茂密的热带雨林，我往里一看，里面长满了各种热带植物，在路边有一个"禁止入内"的牌子，提示行人不可进入（估计里面的生物比较复杂，人进入不安全）。南洋理工大学的校园真大，走了将近半个小时，刚走出南洋理工大的校园。

走出了南大校园，我走在句容路上，这里车辆比较多。和国内不同的是，这里交通规则是靠左行驶，跟我们国内正好反着，初到新加坡，这方面是很不习惯的。

当我通过没有指示灯的人行横道时，正好一辆机动车行驶过来，司机看到我便把车停下，笑着向我摆手，示意我先通过。我向他招手表示谢意。

当我过十字路口，行人通过时，需要按一下一个专门"箭头"，那个行人通过的指示灯才会变绿，这时才可以步行通过，如果你不按这个箭头，那个行人通过的指示灯就一直是红色，行人无法通过。

当我走过这个路口，看到一个现象，就是句容路旁边的居民楼上安装着电视天线，这是在我国的城市不大见的现象了。难道他们还没有暗转有线电视？

我要把步行坚持下去，会有更多的思考，会有更多的感受。

领悟《易经》哲理　增强忧患意识

2020 年 1 月 30 日　星期四

今天，张延明博士给我们讲了第十讲《变革哲理》。这一讲的主要目的是帮助我们了解先哲对"变革"真谛的认识及对现状有更深的洞悉能力。

一、梳理学习内容

我们主要学习以下几个方面的内容：

（一）改革的真谛

学习了变革的属性及内涵以及真谛六方面

（1）圣人有以见天下之动，而观其会通；

（2）领导能力、推动力；

（3）可持续发展　可久则贤人之德，可大则贤人之业。

机构结构：稳固合理。操作规程：支持系统。标准制定：高于现时。"小康"：始见于《礼记·礼运》，礼义为纪，睦兄弟，设制度，贤勇知。禹汤文武成王周公，由此其选。著其义，考其信；著有过，示民有常。不由此者，在势者去，众以为殃，是谓小康。

（4）革去故也，鼎取新也。龙马精神。"神龟"变形组合，代表传承与创新。采用象征进取与传统的红色，代表贞元精神薪火相传；象征尊贵与正统的深灰色，代表贞元的责任感和使命感。

1950年，李讷唱"没有共产党，就没有中国"，毛泽东主席说："没有共产党的时候，中国早就有了，应当改为'没有共产党就没有新中国'。"

（5）主器者震；震者动也。

（二）讨论内容

学习的第二部分是小组讨论。我们分组就以下问题进行了讨论：

1.见天下之动，观其会通；2.领导能力，推动；3.可持续发展，可久则贤人之德，可大则贤人之业；4.小康　认识；5.龙门精神　内涵；7.主器者震　震者动也。

二、学习感悟

学习了本节内容，我们有以下感受：

1.要改变改变观念。

2.要有应变智慧。要把握规律、本质。

3.要有忧患意识。2019年1月5日，在学习贯彻党的十九大精神研讨班开班式上，习近平总书记引用了典故"备豫不虞，为国常道"来深入阐述增强忧患意识、防范风险挑战要一以贯之。"备豫不虞"最早出自《左传》。

"生于忧患，死于安乐。"在今天这个复杂的国际形势下，我们正在全面建成小康社会，我们面临前所未有的困难和风险。今天，我们的国家正面临疫情的威胁和挑战，我们面临的是一场没有硝烟的战争，在这场战争中，没有局外人，我们必须休戚与共，我们是一个命运共同体，我们必须有忧患意识。

教育，新加坡国家竞争力提升的法宝

2020年2月1日　星期六

终于进入2月份。今天晚上，我们看到一批韩国的留学生返程。今天晚上来自重庆的名校校长培训班到达新加坡。

新加坡是一个几乎没有任何资源的城市国家。我们反思，为什么新加坡这么小的一个国家引来这么多的外国留学生来学习？

一、新加坡独特的教育理念和教育实践

政府非常重视发展教育，舍得在教育上投资，注重人力资源的开发。为每一个人提供均衡的教育，尽力完全开发学生学习潜能、思考能力，并通过培养学生对家庭、社会和国家的责任感，培养好公民。

一是推行因材施教教学观。小学毕业以后，学生有三种求学途径：第一种途径，进入中学，学习普通课程、快捷课程或特选课程，为期4—5年；第二种途径，选择一所提供直通车课程的学校，直通车课程包括了中学课程和高中课程；第三种途径，选择一所专长于某一科目（如：体育、数学、理科或艺术）的专科自主学校。

二是严格把关的师资培养。新加坡教师队伍属于公务员系列。所有的老师隶属教育部。不分学科主次，不分小学、中学与大学，一律按照学位高低，职务高低和工作年限来划分工资级别。在新加坡不管是校长，还是教师，都是公务员，所以起薪、加薪也就和公务员基本一致，他们的级别是按公务员的级别来划分的。

新加坡教师工资很高，据了解，一般新入职教师工资在3500—4000新币左右，相当于中等级别的教师，每月6000新币左右，校长工资每月在1万新

币左右。

在新加坡想要成为教师，需要通过层层选拔。新加坡进入大学学习后如果希望成为中小学教师，需要提出申请，如果成绩合格，还需要参加面试。通过面试来检验申请者是否具备从事教育行业价值观和必备技能。在取得教师资格后，申请者还需到中小学校进行为期半年的观察实习。半年的实践后，如果申请者为教育学专业则可以走上讲台，而非师范专业的申请者还需要继续参加培训。

二、新加坡在教育领域取得的成就令世界瞩目

在面积跟我们滨州的阳信县差不多大土地上，先后有两所大学在全球排名非常靠前，属于世界顶尖学府，例如我们所就读的南洋理工大学，2019—2020QS世界大学排名第11名，其一流的基础设施、开放的学术环境、科学的管理制度，源源不断地吸引着来自全球各地的学子和教育者，这为新加坡的科技创新和经济发展提供了源源不断的动力。

三、新加坡近年在PISA测试中表现抢眼

在2015年的PISA测试中位列全球第一。在这项由全球72个国家和地区54万名学生参加的测试中，新加坡学生力压群雄，在数学、阅读、科学三个测试领域得分均名列第一，成为包揽三项的"全能王"。

2019年12月4日，经济合作与发展组织（OECD）公布了2018年国际学生评估项目（PISA2018）测试结果。在全部79个参测国家和地区对15岁学生的抽样测试中，我国北京、上海、江苏、浙江四省市作为一个整体，取得全部3项科目（阅读、数学、科学）参测国家和地区的第一名。新加坡排名第二。

让变革原则服务教学工作

2020年2月3日　星期一

今天学习了第十一讲《变革哲理　视野　本质　原则》。主要学习了三

部分内容,一是前言;二是变革依据的原则;三是洞悉,灵感,应用;四是总结。学习这节课的目的是理解应对 10 种情形的 10 个原则,明确其对自己所熟悉的工作环境的适用性。

一、与时偕行

与时俱进的意思,要求我们在教学工作中要唯变所适,在处理问题时,要学会审时度势,要具有前瞻性,看问题要长远,要为学生的终身发展考虑,要创造适合学生的教育,能够驾驭学校出现的教学改革、学生管理等方面变化。

二、天地以顺动　圣人以顺动

这启示我们要顺应教学改革的形式。例如,我们国家正在努力培育学生的核心素养,努力培育德智体美劳全面发展的社会主义建设者和接班人,这是教学改革的大势所趋。我们的教学管理就要顺应这个形势,因势利导,推进教学的高质量发展。

三、以时发

要动善时,要顺应变化,顺应民意。这启发我们,在教育教学中,要顺应老百姓希望接受均衡教育的需求,顺应国家教育高质量发展的要求,积极推进教学改革,推进学区制、集团化办学,让优质的教育资源惠及更多的老百姓。

四、君子以作事谋始

意思是君子做事要深谋远虑,从开始就要消除可能引起争端的因素。这启发我们,校长要注意做好调查研究,要统筹规划,做好顶层设计,要善于发现教学管理中有可能引发争端的问题,例如职称评定、评优评先等敏感问题;中层干部要善于倾听老师们的呼声,班主任要了解学生的思想变化,善于发现学生中出现的有可能造成纪律事件的苗头,并采取预防措施。

五、刚中有应,行险而顺

治军,有时采取适当的强刚手段便会得到应和,行险则遇顺。适当地强硬，可以得到拥护；使用果敢手段，可以使人敬服。这启发我们，在教学管理中，在国家政策框架范围内，可以采取适当强硬的手段，推行教学改革措施。例如一项新的教学模式和教学理念，一开始可能不被教师接受，学校可以利用好国家的相关政策文件，采取适当强硬的手段，贯彻执行。

六、时止则止，时行则行

"意思是：该静止的时候，必须要静止；该行动的时候，必须要行动。不论是静止，还是行动，都要掌握好时机，这样做事就会顺利。出自：《周易·艮·象传》原文：艮，止也。时止则止，时行则行，动静不失其时，其道光明。艮其止，止其所也。上下敌应，不相与也。是以不获其身，行其庭不见其人，无咎也。这启发我们，在教学管理中，要审时度势，要抓住教学改革的有利时机，要顺应国家教育改革发展的形势，在应该推进的时候，要坚决推进；在发现某些环节不合适的时候，该停止就停止；推进和停止都不要失去最好的时机，这样的改革，才会有好的效果。

七、君子以慎言语，节饮食

"君子以慎言语，节饮食出处：颐卦第二十七：象曰：山下有雷，颐。君子以慎言语，节饮食。意思是：因祸从口出，故"慎言语"；因病从口入，故"节饮食"。慎言语而节饮食，则避祸而少病，终吉。这启发我们，在教学管理中，作为管理人员，在布置工作时，要拟好发言内容，对发言内容要反复推敲，和老师们交流时，言语要充满正能量，不能带有消极情绪，更不能口出狂言。特别是和同事一起喝酒时，更要谨言慎行。同时，因为我校教工餐厅是自助餐，在学校生活管理中，提倡老师节约饮食，不可暴食暴饮。

言行君子之枢机，语出《周易·系辞上》："言行，君子之枢机。枢机之发，荣辱之主也。"此句意为：言论和行为，就像门户或弩机一样，一旦旋转或发动，就决定了是荣誉还是耻辱。这启示我们，在教学管理中，管理的混乱往往与管理者的言语不缜密有关，校长说话不缜密，就会失信于中层，中层说话不缜密也会给自己带来麻烦，校长、中层都要言语缜密，对重要的事情要遵守保密纪律，要保持口径一致，以免给管理带来混乱。

八、恐致福

《易·震》:"震,亨。震来虩虩,恐致福也。"意思是惊雷滚滚而来,是由于保持了恐惧、谨慎的心理,所以能带来福祉。这启发我们在教学管理中,要懂得敬畏天道,敬畏自然规律,尊重科学,学习科学管理方法,尊重教育规律,尊重学生成长规律,尊重教师发展规律,落实立德树人根本任务,引领学生德智体美劳全面发展,才能取得良好的教育效果,推动教学的高质量发展。

九、平衡

《易·损》:"损,损下益上,其道上行。喻指在上位者骄盈而不恤民,必致败坏。《易·益》:"损上益下,民说无疆。"指统治者减少奢侈行为,即可有益于百姓。这启发我们,在教学管理中,要勇于让利于教师,不和教师争利,勇于支持教师的专业发展,要勇于给老师争取利益,给老师们搭建发展的平台,要勇敢前行,敢作敢为,要心地善良,纯洁朴实,要内部团结,开拓进取,才会取得良好教学管理效果,推进学校教学的高质量发展。

十、循序渐进

《易·渐》:"初六,鸿渐于干。"

新加坡六年级《好品德 好公民》与我国小学《道德与法治》教学的比较

2020年2月10日 周一

今天我翻看了新加坡六年级的《好品德 好公民》教材和教师手册。六年级的《好品德 好公民》教材主要包括以下内容:

前言：品格与公民教育的目标是传递价值观和培训技能使学生成为具有良好品德的公民，并为社会做贡献。

教材的课文内容根据六大主题分类，通过各种生活题材教导核心价值观，培养学生品格和公民道德。配合不同主题所编写的"奶奶讲故事"或新加坡故事加强学生所学。

高年级的家庭实践活动，将由学生主导，带动家庭成员进行讨论和交流。此外，他们也有机会为家人安排活动，一起踏上学习之旅。

主题1：我们是领袖

  第一课 正直的领袖

  第二课 萝卜、鸡蛋和咖啡豆

  奶奶讲故事 正直的顾协

主题2：我们的家园

  第一课 我们要做好准备

  奶奶讲故事 同心协力战胜非典

  第二课 布布的星球

主题3：让我们互相关怀

  第一课 我们可以从小事做起

  第二课 让爱心照亮家园

  第三课 温情处处

  奶奶讲故事 心连心

主题4：同在屋檐下

  第一课 小故事 大道理

  第二课 宗教和谐

  奶奶讲故事 为别人着想

主题5：走向全球

  第一课 伸出援手

  第二课 我们是朋友

  奶奶讲故事 城门失火

主题6：我可以做到

  第一课 少年当自强

奶奶讲故事　管宁割席

第二课　相信自己

从以上内容中，可以看出中国小学《道德与法治》教材与新加坡的《好品德　好公民》教育以下异同点。

一、相同之处

一是教材编写采用主题化模式，把教学内容分为几个生活化的主题。

二是加强核心价值观教育。新加坡《好品德　好公民》教材渗透了他们的核心价值观。

2014年实施的新加坡《品格与公民教育课程标准小学》指出，一个具有良好品格并对社会有所贡献的新加坡公民，必须以核心价值观（尊重、责任感、坚毅不屈、正直、关爱与和谐）为基础。这些核心价值观指引学生明辨是非，帮助他们做出负责任的决定，并认清自己在社会上所扮演的角色。

尊重：一个能肯定自我和肯定他人的人会尊重自己和他人。

责任感：一个有责任感的人了解他对自己、家庭、社区、国家和世界应尽的责任，并满怀爱心，尽全力履行职责。

和谐：一个重视和谐的人寻求在的快乐，提倡社会团结，并重视多元文化社会中求同存异的精神。

正直：一个正直的人会坚持自己的道德原则，并有道德勇气为正义挺身而出。

坚毅不屈：一个坚毅不屈的人拥有坚强的意志，面对挑战时不屈不挠，并具备勇气、乐观的态度和应变能力。

关爱：一个懂得关爱的人待人处事表现出爱心与同情心，并为改善社会与世界做出贡献。

三是注重传统文化教育。例如，奶奶讲故事，使用了《正直的顾协》《为别人着想》（鞋匠把子罕家门前的路挡住了，子罕是一位大官，他每次出门绕路走的故事）《城门失火》《管宁割席》的故事，都是弘扬中华优秀传统文化。

四是注重讲好本国故事，加强爱国主义教育。例如故事《心连心》，讲了许哲帮助穷苦人，创办安老院的故事，使用新加坡抗击非典的故事。

五是重视品德和心理、法治教育。如《正直的领袖》《少年当自强》《相信自己》等。

六是新加坡的《好品德　好公民》学科也设置了教师用书。

以上做法与我国现行小学道德与法治教材有相近之处。

二、不同之处

一是新加坡教材设置《家庭时间》栏目。新加坡教材，在每一节课后边设置《家庭时间》。例如，在《正直的领袖》这一节之后，教材设置《家庭时间》，让学生向家人说一说《正直的领袖》这个故事，告诉他们故事中的领袖怎么表现勇气和正直行为的。让学生和家人说一说自己在学校所认识的人中，哪一位具有正直领袖的品格。这是一种将学校教育和家庭教育相融合的做法，是将课堂教学延伸到家庭的做法，是家校共育的一种做法。

二是基于学生自身体验。例如，在《正直的领袖》这一节，设问：如果你是闪电，你会怎么做？

例如，在《布布的星球》这一节，设问：如果你有机会改变布布的星球，你会怎么做？为什么？

我国的小学道德与法治教材上，这种设问也有，但不是这么普遍。

三是教材编写寓道理于故事。新加坡《好品德　好公民》教材，每一节课都是一个完整的故事，理论的知识很少。例如《布布的星球》这一节课，就是讲"伟明到布布的星球参观"这个故事。

四是教学设计与国内有所区别。新加坡的教学设计包括的环节有：标题、教学重点、教学目标、教学步骤、教学提示。教学目标不是三维目标，只是一个目标。例如：学生能说明国家需要法律和规则的原因。教学步骤分为：引起动机、与课文的联系、理解课文、总结、课堂活动、书写活动。书写活动，例如：书写活动《让邻里成为一个最美的地方》：写下邻里常见的一个问题。你认为定下什么规则来解决以上问题？这项规则怎么改善邻里生活？书写活动是引导学生解决实际问题的一个重要环节，是教学的落脚点，是教学活动的升华。

在课程中感受新加坡教育政策

2020 年 2 月 11 日　周二

　　今天我们开始学习一门新的课程《教育政策的制定》。我们的主讲教师是陈慧萍博士。陈博士是新加坡国立教育学院政策与领导学部副教授，研究生博士生导师，英国牛津大学和剑桥大学访问学者。新加坡国立大学哲学博士学位。英国莱斯特大学英语作为外语教学与应用语言学硕士学位，新加坡南洋理工大学教师教育专业文凭。

　　上午，我们学习了第一节课。陈博士以"中国好声音"节目作为背景，组织我们进行讨论，以学员讨论活动导入新课。本节课主要介绍了以下几个方面的内容。

　　一是介绍《教育政策的制定》这门课程的教学目标。指出本课程旨在协助学员理解教育政策的制定与实施，以新加坡为案例研究；为学员介绍教育政策制定的理念、取向与视野；通过个案研究使学员探讨在实施教育政策时所面对的关键问题、政策困境与远景；引导学生探索制定教育政策和实施的基本原则与思想体系。

　　二是介绍课程大纲。陈博士介绍课程大纲。介绍新加坡的现代教育政策，以"学生为本，以价值观为导向"教育，通过科目"知识探索"和"专题作业"推广重思考的学校，新加坡国外教育借鉴，新加坡高校的教育发展，小组汇报。

　　三是介绍比较教育中的教育政策借鉴论。第一步，跨国吸引力；第二步决策；第三步实施；第四步内化（本土化）。

　　四是因材施教的教育理念。介绍陈博士着重介绍了新加坡现代教育政策：因材施教的教育理念。小学制度：小四会考，小五与小六分为 EM1，EM2，EM3 源流。EM1 源流，成绩佳，修读高级母语；EM2，成绩佳或者中等，但是母语不强；EM3 源流成绩最差，尤其是英语与数学。目前，新加坡学生存在这三大源流，到 2024 年，三大源流将全部废除，实行科目分班。

　　新加坡学生小学毕业后的选择是：中学是四年或者五年，大多数考英国剑桥"O"水准会考。三个源流：快捷（四年，英语为第一语言，母语为第二语言，考"O"水准）；普通（学术），（五年，考"N"水准，然后考"O"水准）；普通（技术/工艺），（五年，成绩最差，考"N"水准）。

新加坡的中学分为以下几个类型：

1. 政府学校。主流学校（每月学费大概新币 25—35 元），自治学校（每月学费大概新币 50 元），自主学校（每月学费大概新币 300 元）。

2. 直通车学校。免剑桥"O"水准（大约中考水平）会考而直接升入高中，考剑桥"A"水准（大约高考水平）或国际学士学位 IB，每月学费大概新币 300 元。

3. 专科自主学校（例如，新加坡体育学校，新加坡艺术学校，新加坡国立大学附属数理中学，每月学费大概新币 500 元）

从新加坡的以上教育制度看，新加坡的教育中学教育制度主要借鉴英国、美国的教育模式，植根于新加坡特殊的历史背景和文化背景，我们可以结合我国的国情，借鉴其合理的做法，而不能照搬照抄。

陈博士说，在新加坡每个老师都是德育教师，特别是班主任、母语教师。德育课有固定的课时要求，每周至少一课时，一个小时，有固定的教师。在新加坡，德育课不计入升学成绩，教师写一个评价意见。

下午，陈惠萍博士以学员作为新加坡学生，给我们上了一节新加坡中学德育课。德育课分为以下几个环节。

一是导入。陈博士播放视频《蝙蝠侠》片段，展示了影片中两艘船，一艘船上基本是犯人，另一艘船上乘坐的是普通百姓，"小丑"要求 12 点之前，一艘按下引爆器，炸死另一艘船上的人，这艘船上的人才能活下来。

二是讨论。陈老师把学员分为六个小组，5—6 组，选出一名代表为犯人船上的代表发言，陈述不可以炸自己所在的船的原因。5—6 组，选出一名代表为普通人船上的代表发言，陈述不可以炸自己所在的船的原因。3—4 组，选出一名代表为岸上人的代表发言，每个组的学员都可以针对别人的发言提问。

三是投票。根据以上讨论，所有学员投票，决定该炸哪艘船。每个学员手里一张票，教师代表统计投票结果。

四是看结果。继续观看影片，看最终结局。

这是一节典型的体验式教学的德育课。我感到对我们的教学还是有借鉴意义的。这节课是设置情境，让学生在情境中体验，然后引领学生在体验中得出结论。

感受经济学的魅力

2020年2月12日　周三

今天，我们开始学习了一门新的课程《经济学基本观念》。给我们上课的是周孙铭博士。这是一门与数学有关的课程。

周博士主要讲解了以下内容：

1. 斜率可以衡量一变量（Y）对另一变量（X）的影响

2. 负斜率：Y对X有负的影响

3. 消费者购买X与Y两个消费品。

消费者收入（I），偏爱（T），P=价格，Q=数量，P_X，P_Y，每周Q_X，Q_Y。X与Y代替品：X=苹果，Y=梨

消费者花$100购买X与Y

$100=P_X \cdot Q_X + P_Y \cdot Q_Y$

P_X=$1，$P_Y$=$1，Q_X=30，Q_Y=70

$100=P_X \cdot Q_X + P_Y \cdot Q_Y$

$30 + $70=$100= 名义消费额 = 名义收入

I，T，P_Y全部不变。

P_X变，观察Q_X变动，看这两个变量是负相关或正相关

ΔP_X，观察ΔQ_X。

负相关：P↓Q↑；ΔP_X>0　ΔQ_X<0

正相关：P↓，Q↓；ΔP_X，>0，ΔQ_X>0

4. 产品X的需求量（Q_{XD}）

［收入（I），偏爱（T），P_Y全部不变］

产品X需求曲线（D_X）D=Demand

5. 为什么 P↓，需求量（Q_D）↑

$100 = P_X \cdot Q_X + P_Y \cdot Q_Y$

$P_X=\$1$，$P_Y=\$1$，$Q_X=30$，$Q_Y=70$

$100 = P_X \cdot Q_X + P_Y \cdot Q_Y$

\$30 + \$70 = \$100

X 与 Y 替代品。

现在，$P_X=\$0.8$，X 便宜，多购买，替代效应。

若消费者这个时候，$Q_X=30$，$Q_Y=70$。

消费 =0.8.30 + 1.70=\$24 + \$70<\$100。钱多 \$6。

钱多，多消费，多买 X 与 Y，收入效应。

今天下午的学习很吃力，我感到这门课程比较抽象，但是这门课程对我们生活中做好理财、对我们学校管理很有帮助，所以，我们要认真学习这门课程。

艰难的学习经济学

2020 年 2 月 14 日　星期五

今天上午，我们继续学习《经济学基本概念》，这节课。针对上节课留下的习题，按照老师的安排，我们一组同学分别展示了对习题的解答情况。我展示了 8（2）题，这个题目比较简单，我的展示比较顺利，得到老师的肯定和表扬。

上午的课，我们学习了以下内容：

1. 产品 M 市场：消费者增加；产品 M 市场：供给者增加

2. 产品 M 市场：若需求改变，供给也改变

3. 一个消费者消费满足单位

4. 满足，满足单位

边际成本：增加一单位的产量随即而产生的成本增加量即称为边际成本。由定义得知边际成本等于总成本（TC）的变化量（ΔTC）除以对应的产量上

的变化量（ΔQ）。随着产量的增加，边际成本会先减少，后增加。

边际效用是经济学很重要的一个概念，它是指在一定时间内消费者增加一个单位商品或服务所带来的新增效用，也就是总效用的增量。经济学通常认为，随着商品或服务的量增加，边际效用将会逐步减少，称为边际效应递减定律。

5. 消费者剩余

6. 点心的需求曲线

7. 供给曲线

8. 市场决定价格

9. 社会的数量 = 经济剩余最大量经济剩余 =AJP + PLB

10. 社会的数量（$Q_{社会}$）

11. 社会的数量（$Q_{实际}$）；个人的数量（$Q_{个人}$）

12. 产品 M 市场，经济剩余 =AJP + PJB

教育管理经济学是经济学的一个分支，为教育管理者决策提供了一种系统而又有逻辑的分析方法。学习这门课程，会让我们收获一些原来不知道的知识。

借鉴他国教育政策　推进我国教学改革

2020 年 2 月 18 日　星期二

今天学习了陈惠萍博士主讲的《教育政策的制定》。

上午，陈老师主要介绍了推广批判性思维（申辩）的教学法，我们体验一堂推广批判性思维的课程，了解与讨论推广批判性思维所面对的问题与挑战。

通过学习我们有了以下收获：

一、了解了论证分类

1. 推理论证（Deduction）。推理论证，这类型的论据声明如果前提是真实的，结论必然是真实的。令人满意的论证必须符合以下条件：

（1）所有的前提是真实的，与

（2）所有的前提与结论有关，必然为结论提供证据。

例如1：这一班的所有学生都是高才生。

前提2：A是这班的学生。

2.归纳论证（Induction）。这类型的论据声明如果前提是真实的，结论很可能是真实的。

令人满意的论证必须符合以下条件：

（1）所有的前提是真实的，

（2）所有的前提与结论有关，很可能为结论提供证据，与

（3）所有的前提提供一切与论据有相关的资料。

二、了解形成性评估和总结性评估

了解了新加坡一所学校的批判性思维课题。

问题：解释为什么最富有的新加坡人都住在武吉知马和荷兰路一带。

你如何运用：（1）推理论据和归纳论据。（2）不同知识的来源：

了解了新加坡学校的专题性作业。小学：实地考察，练习提问；中学：以社区为基础的学习方法；高中：发挥技能，发展志向。

（1）书面报告40%

（2）口头陈述40%

（3）文件夹20%

感悟：新加坡的专题性作业，值得我们借鉴和学习。在新加坡的高中，这种作业成绩计入考大学的成绩，分数由老师评定，同时，由教育部组织专家进行考核。这样保证了成绩的公平、公正。当然，这也是基于新加坡人口比较少的国情，我国人口基数大，在借鉴这方面的时候，应该结合我国的国情，稳定、有序地推进，而不可照搬照抄。

下午，我们学习了《新加坡的国外教育借鉴：挑战和对策》，讨论新加坡如何借鉴国外的教育政策和理念，讨论新加坡所面对的压力和对策。

我们主要有以下收获：

一、新加坡注重借鉴西方理念

新加坡很多的教育理念和教学方法都是从西方借鉴而来，加以本土改造，如：实行分流制度（英国），英语为第一语言，推行精英学校，注重职业学校（德国），推行现实主义和实用主义，强化21世纪技能教育（创新思维，批判性思维，解决问题，应用能力等），注重因材施教／以学生为本的教育理念。

二、了解了新加坡的教育哲学

从"重思考的学校，好学习的国家"所引发的各项政策中，大家可以辨认实用／务实主义教育哲学的因子。

三、分组建设自己的学校

所有学员分为6个组，利用剪贴的方式，建设自己心目中学校。老师为我们提供一些教育杂志，一张大的白纸，剪刀、胶水。我们把自己需要的图片剪下来，贴到白纸上，加上我们自己的校名、校训。然后展示自己的学校，让别的小组说出我们学校体现的教育理念。所体现的理念应该从以下理念中选择两个：多样化与统一，自主权与控制，创意性与保守，平等与精英的对比。

感悟：陈博士的课，是一节互动型的课堂，一节课，是师生、生生互动的过程。陈博士的授课方式值得我们中小学借鉴，尤其值得我们中小学德育借鉴。现在我们在初中提倡体验式的教学方式，创设情景，引领学生体验，让学生在体验中提升核心素养。我们的德育课程过多地进行知识的传授，忽视了学生动手能力的培养和合作探究能力以及价值观的培养，我们可以适当借鉴陈博士的教学方式。

强化交流　展现风采（一）

2020年2月20日　星期四

今天学习的内容是《教育外部经济》。

我们主要有以下收获。

（一）外部经济

大学教育的回报。

大学教育外部经济；别人也获得好处

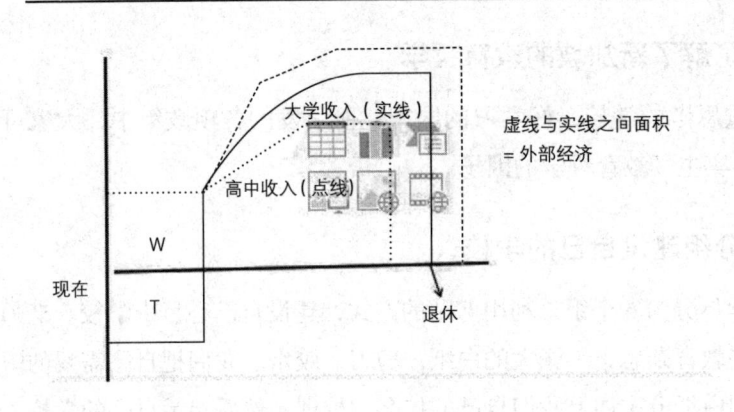

（图：大学收入（实线）、高中收入（点线）、虚线与实线之间面积 = 外部经济，W、T、现在、退休）

学经济学的人考虑的是社会边际效用，投资者考虑的是个人边际效用。供给曲线在个人边际效用曲线的上边，造成社会亏损。

大学教育回报，现在花钱 1000 元，5 年后会有收入 2000 元。5 年后的现值是多少？

5 年后的 1 元，在今天的现值 $=1/(1+i)^4$，5 年后现值更小，100 年后现值基本等于 0。

大学教育回报 = 收入差异总数 > 成本总数

（二）银行利率

贴现率；心理折扣率；这个人明年会死；他不投资；心理折扣率高；贴现率高；心理成本高。有病的人贴现率高；少投资。中国人的贴现率低；多投资。

贴现率，简单地说，就是将来的钱，折算到现值，少掉或多出的那部分的钱与将来的钱的比值。有病的人贴现率高。

感悟：不读书的人，越来越吃亏。不懂经济学，管理者的决策就会缺乏前瞻性，教育管理者也要学会利用经济学的知识教育学生好好学习。

强化交流　展现风采（二）

2020 年 2 月 21 日　星期五

按照班级的安排，今天我要向全班介绍自己的家乡、学校以及个人的情况。我的发言内容如下：

第一篇：董永故里，帝师故居，黄蓝叠加之处，孕育着一座新兴美丽的城市，那就是山东滨州——我的家乡。

解释：帝师，指的是咸丰皇帝的老师杜受田，其父杜堮为清嘉庆时期翰林院编修，礼部左侍郎。其子为顾命八大臣之一的杜翰。其家世显赫，杜家"一门七进士""父子五翰林"。

黄河三角洲高效生态经济区、山东半岛蓝色经济区和环渤海经济圈、济南省会城市群经济圈"两区两圈"叠加地带。

第二篇：秦皇河畔，黄河之滨，滨州市的新区，成长着一个活力四射的学校，那是开发区一中——我的单位。

解释：我校位于黄河北岸，国家级湿地秦皇河公园西侧，现有学生 6500 人，教职工 450 人，九年一贯制学校，省级规范化学校。

第三篇：茫茫人海，芸芸众生，携手一群孩子，绽放着阳光般灿烂的笑容，那就是我的耕耘——我的工作。

解释：工作 26 年，23 年班主任，17 年毕业班班主任，20 年毕业班教学。

文化、美丽、包容的滨州，和谐、生态、开放的开发区一中欢迎您！

强化交流　展现风采（三）

2020 年 2 月 21 日　星期五

1 月 25 日，习近平总书记主持召开中共中央政治局常务委员会会议，研究新型冠状病毒感染的肺炎疫情防控工作，他强调，生命重于泰山，疫情就是命令，防控就是责任，把疫情防控工作作为当前最重要的工作来抓。

疫情防控是一场不能懈怠的赛跑。

我们要以最快速度控制疫情，不得有丝毫犹疑、丝毫侥幸。要切实做到早发现、早报告、早隔离、早治疗。

疫情防控是一场没有硝烟的战争。

每个人都是战士，没有局外人，我们是命运共同体。每一个人都有疫情防控的意识，都要有主动行动的自觉。

疫情防控让我们深感到祖国的强大。

在疫情防控中，我们的国家，展现出强大的治理能力，用最有力、最有效的举措，最大范围地全民动员，筑起一道道坚固的防线，充分显示了中国特色社会主义的优越性。

疫情防控让我们深感中国共产党的伟大。

中国共产党充分展现以人民为中心的执政理念，党和国家真正把人民的生命放在第一位，充分体现了人民的利益高于一切。

我想说：我爱你，中国！

一分耕耘　一分收获

2020年2月26日　星期三

今天上午，我们继续学习经济学。周孙铭教授先让三组的同学展示了他们准备的习题三，针对同学们的讲解，周教授进行了点评。

然后，周教授公布了上次测验的成绩。卷子发下来后，我看到自己的成绩是92分，这个成绩是班级第一名。很多同学向我表示祝贺，也有同学说，你不是说你听不懂吗？你怎么考得这么好？

其实，这次成绩，我感到有些意外。平时，我真的感到经济学很难学，我甚至上课跟不上老师的节奏。但是，我还是坚持学下去，回到宿舍，我复习过程中，不会的问题，我就问我的同学。并且坚持把老师布置的两套题再在本子上整理了一遍。考试过程中，我认真审题，注意解题的步骤和要领。

一分耕耘，一分收获；一分努力，一分成果。有人只看到别人辉煌，却看不到辉煌背后掩盖的坚持；只看到别人风光，却看不到风光背后掩盖的努力。成绩看似是偶然的，但是背后有我付出的艰辛的汗水。经济学的学习，让我体会到学生的艰辛，体会到听不懂、学不会时的痛苦。但是，我也想告诉我的学生和我的同事，学习如蜗牛在爬行，迟缓而坚定；勤能补拙，面对学习和工作中的困难，不要轻言放弃，要有坚忍不拔的韧性，要勤学好问，要多练习，肯钻研，多实践，多反思，这样才有进步。

刻苦地学习经济学

2020年2月27日　星期三

今天复习了以下内容：

1.什么是外部经济？怎样用需求曲线解释？

外部经济就是投资者得不到，其他人得到的利益。外部经济等于零，个人边际效用与社会边际效用的交叉点。

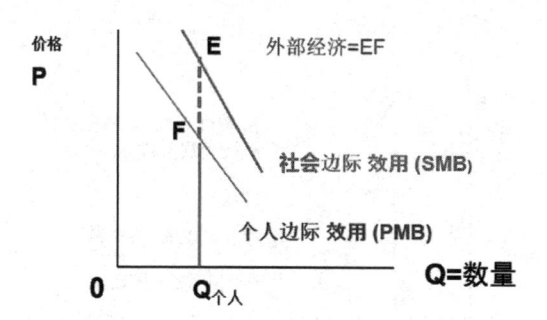

2.有外部经济，政府怎样干预？要干预多少？

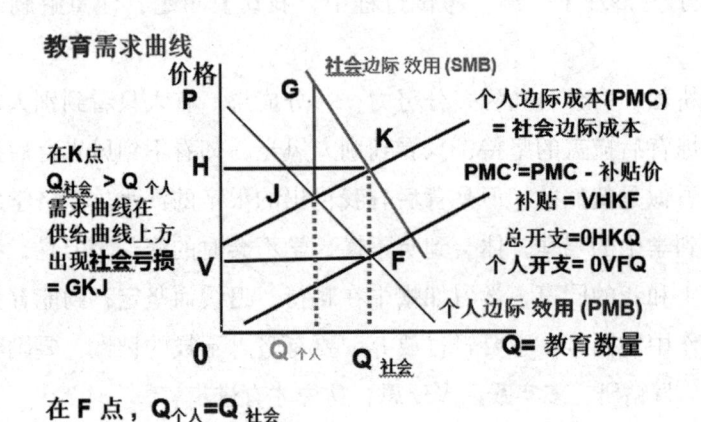

教育需求曲线

在K点
$Q_{社会} > Q_{个人}$
需求曲线在
供给曲线上方
出现**社会亏损**
= GKJ

社会边际效用(SMB)
个人边际成本(PMC)
= 社会边际成本
PMC'=PMC - 补贴价
补贴 = VHKF
总开支=0HKQ
个人开支 = 0VFQ
个人边际效用 (PMB)

Q= 教育数量

在 F 点，$Q_{个人}$=$Q_{社会}$

3.Q_3. 吸烟有外部经济吗？用需求曲线解释。

吸烟会损害吸二手烟者的身体，会增加别人的成本，社会边际效用低于吸烟者个人边际效用，属于消费的外部不经济或者负外部经济。

吸烟数量为 Q_1，社会边际效用为 $FQ_1-GQ_1=FG$

吸烟数量为 Q_2，个人边际效用 = 社会危害，社会边际效用为 0。

4.看下图，有黄秀教育边际效用线，也有黄秀教育边际成本线，讨论黄秀教育有多高？

黄秀的边际成本（PMC）= 黄秀的边际效用（PMB），

达到均衡点 J，故黄秀的教育数量为 Q_1。

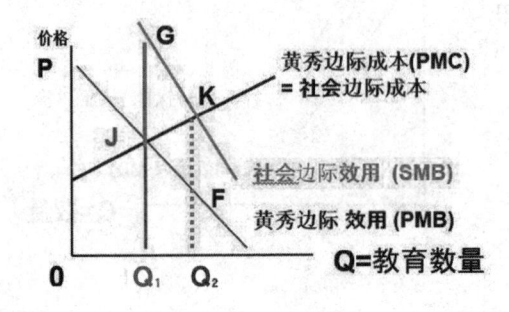

黄秀边际成本(PMC)
= 社会边际成本
社会边际效用 (SMB)
黄秀边际效用 (PMB)

Q=教育数量

做友好交往的使者

2020 年 3 月 2 日　星期一

今天，我主要完成了《教育政策的制定》的作业。这个作业用了两天半的时间。下午4点，我去楼下活动了一下，正看到几个同学在打乒乓球，我就过去和他们打了一局。

这时，走来一位年轻的女孩，她用英语和我们打招呼。她说她是菲律宾人，她不会讲汉语。我们只能用英语和她交流，但是我们的英语水平不高，好容易和她说明白彼此的身份。她说她是来这里留学的，是在句容附近的一所职业院校，她说她的名字叫玛伊，她还问了我们每个人的名字。我们用英语告诉她，我们是中国人，是南洋理工大学的学生。她说可以和我们一起打球，可以和我们做朋友，可以教我们说英语，也希望我们教她汉语。她对我们很友好。

她喜欢打乒乓球，我们三个同学分别和她打了一局。她用英语问我们在哪里买的乒乓球，我们说是国内带来的。

我们在和这个留学生交流的过程，感触良多，我们感受到英语的重要性，也感受到与国际友人交往，要不卑不亢，做好友好交往的使者。我会把这些经历作为宝贵的教学资源，用在我的教学课堂上，用自己的切身体验教育学生。

致敬，uncle

2020 年 3 月 3 日　星期二

今天，我去找眼科医生。近期，因为眼睛不好，血丝多，附近的家庭医生给我约了一个眼科专科医生，约定3月6日去看医生。

因为路不熟，担心找不到那家医院，我今天先熟悉一下路线。我是开着导航去的，到了导航指定的位置，我并没有看到那家医院，于是，我问一个年龄较大的大伯（uncle）。这是一位华人，他会讲华语，我很礼貌地说："您好，请问裕廊医疗保健中心（Jurong Medical Centre）在哪里？"这位老伯先是和我说怎么走，然后，他就直接说，"我带你去吧"。他把我送到医疗中心的门口，并且告诉我，门口的值班人员会先给我量体温等。

我很感动。在异国他乡，人生地不熟，很需要人帮助。老伯这样热心，让我感到很温暖。也体现了新加坡人良好的精神风貌。老伯的做法很值得我学习。

这是一个很好的教学资源。我们可以把这些资源用到八年级上册《尊重他人》《以礼待人》的教学中去，用自己的亲身经历去感化学生。

复习经济学《大学质量与培训》

2020 年 3 月 4 日　星期三

今天，我复习了经济学《大学质量与培训》的内容，完成了以下几个问题。

1.大学教育具有"信号作用"。试分析"信号"模式的利与弊；信号模式对个人和企业有什么事业、商业启示？

利：雇主需要一个成本低的方法来挑选职工。利用信号模式，利用大学学位来区别求职者的实际生产力，利用大学成绩来区别求职者的实际生产力，利用教授科研表现来区别教授的实际生产力。

弊：存在信息不对称的问题，95%的求职者为了争取工作而夸大简历。

启示：录用人才，既要看大学信号，更要看真才实学。

2.技能发展基金，是政府出钱培训企业职工或企业出钱培训其职工？若是后者，为什么需要成立技能发展基金？

（1）是企业出钱培训企业职工。企业要支付培训附加税（SDF levy）给基金。培训附加税 = 0.25% 的总员工总工资。任何企业要训练工人，（工人薪水不受限制）可以向基金申请津贴。

（2）成立技能发展基金的原因：技能发展基金由税务机关征收，基金由政府管理，由技能发展委员会审核培训方案。如果企业不对职工培训，不用白不用，而且经费就会被竞争对手使用，这样有利于提高企业培训职工的积极性。

告诉学生，要学好英语

2020年3月6日　星期五

近一段时间，因为眼睛不好，血丝多，约了一个眼科医生。今天，我去看眼科医生。

下午2:30，我到达裕廊医疗保健中心（Jurong Medical Centre）。我用中文和负责挂号分诊的护士说，我约了一个眼科，今天来看医生。这个护士只能用简单的中文，她让我到另一个懂中文的护士那里办理。

懂中文的护士很细心，因为前段时间，我住宿附近的家庭医生、南洋理工大学的家庭医生都给我预约了眼科，而且预约的是同一个眼科医院——裕廊医疗保健中心（Jurong Medical Centre），护士给选择了南洋理工大学医院的预约。我告诉护士我带的新币现金不多，担心费用不够，护士说，如果不够，你可以下次看医生时再带来交上。他们对看医生的人是非常信任的，不担心病号不交钱。后来我了解到在新加坡不讲诚信的成本很高的。

我根据护士的安排进入61号房间，测了眼压和视力，这些指标都正常。然后，我进入59号房间，主治医生能说中文，我很高兴，他咨询了我的眼睛的情况，然后，使用仪器看了我的眼睛。他告诉我，眼睛没有多大问题，只是眼里的"油"多，需要清洗。他要我每天用湿毛巾做热敷10分钟，然后使用专用纸巾擦拭眼睑，再给眼睛涂上"泪液"——眼药水。

我根据医生的要求去拿药。因为我身上的现金不多了，我只要了两盒药。药房的药师只能用简单的中文，就像我只能用简单的英语一样。我们交流时，也用中文，也用英语；用中文说不清楚的，我们就用英文；用英文说不清楚的，就用中文，我感到很有意思。不过人家一点也不烦，很耐心地和我解释。

回来后，我按照医生的嘱咐去做，觉得眼睛舒服多了。我想，我必须学会独立地解决生活中的实际问题，我也应学习点生活中的常用英语，让自己更适应这里的生活。书到用时方恨少，我也想告诉我的学生，一定要好好学习英语。

生命因奋斗而美丽

2020年3月7日　星期六

孩子，我想对你说……

新冠疫情，拦住了我们重逢的脚步。但疫情没有阻断老师对你们的爱，老师有满腹话想对你们说。

我希望你们有积极向上的生命姿态。踏实勤勉，眺望远方，期盼成功，向往美好，是我们应有的生命姿态。面对疫情，我们必须响应政府的号召，稳稳地"宅"在家里，千万别把放假当成了"放纵"。

我希望你们有豁达开朗的生命姿态。学会生活，自信从容，风度优雅，立志报国，是我们应有的生命姿态。面对疫情，我们必须按照学校的安排，扎实地上好网课，千万别把"网课"当成了"网游"。

我希望你们有纯真烂漫的生命姿态。青春昂扬，渴望攀登，体贴父母，勇于追梦，是我们应有的生命姿态。面对疫情，我们必须听从父母的"唠叨"，努力实现直道领先、弯道超车，千万别"坐不住"，"学不进"。

今年的期末将会狠狠地奖励那些高度自律的孩子。

生命因奋斗而美丽，生命因多姿而壮美。让我们"宅"在家里，"稳"住心神，"定"住自己，绽放美丽！

学习教育科研方法

2020年3月10日　星期二

今天我们开始学习一门新的课程《教育科研方法》。给我们上课的老师是程元善博士,他是新加坡南洋理工大学国立教育学院心理学系教授、加拿大教育科学研究资深专家、北京师范大学客座教授、脑科学与学习国家重点实验室学习和测评研究中心副主任,在心理学领域颇有建树。

程老师的课幽默风趣,他善于讲故事,例如给我们讲了故事《卖油条的胡老头》,把深刻的道理寓于故事中,深入浅出,娓娓道来,我们很喜欢听。这节课,我们主要学习了以下内容:

一是为什么学习这门课程。

二是课程的安排。

三是考核的方式。

四是教育的目标,包括基本认知方面(知识、理解、应用),高级认知方面(分析、综合、评价)。

五是获得知识的方式。包括个人阅读、阅读书籍、杂志或通过互联网等。

六是直觉的方式,通过直觉接受那些你感觉是正确的。

七是依靠信念,接受自己相信的信息,或者因为自己的某些迷信的信念而支持这些信息。

八是推理的方式,使用逻辑推理的方式来获得答案,从两个或者多个前提推出结论。

九是从经验获得。

感受诚信

2020年3月13日　星期五

亲身体验：

由于近期用电脑太多，眼睛血丝多。我决定配一副防蓝光眼镜。上午上课结束后，我来到李伟楠图书馆附近的眼镜店。前一段时间，我来过这家眼镜店。老板是一个40开外的华人，她汉语说得很好，原籍是云南。我把我的情况说明之后，她给我推荐了一副68新币的眼镜，并检查了我的视力。我说下午还有经济学考试，考完之后来取眼镜。店主说行，而且没有让我交押金。

下午，考完试后，我到眼镜店取眼镜，老板已经把眼镜给我准备好了，我戴上试试，感觉还满意。但老板还是反复把眼镜框进行调整。

心灵感触：

这件事，让我感受到新加坡人很讲诚信，既不要求买主交押金，同时也按时交付商品。这种做法是基于对别人的信任。新加坡之所以能够从一个小国发展成为一个经济上的强国，是与其良好的社会信用分不开的。据了解，在新加坡，法律促进诚信，见于经济、社会和公共服务方方面面。我们作为留学生，要提醒自己，任何欺骗行为都有可能付出高昂代价。我还看到人民网上有这样一个故事：一个中国人到新加坡旅游，期间曾到新加坡的图书馆借了一本书，没有还，临回国上飞机时，却被告知不准上飞机。因为新加坡的社会信用系统记录了此君借书不还的事，他必须先还书，才能离开新加坡，因此所购买的飞机票也就作废。

缺少信用就谈不上生存与发展。借鉴他人的经验，我们也要通过一套严谨的法律和严格的执法，通过营造公开透明的行政管理、社会治理，营造诚信的社会环境。我们欣喜地看到，我国在诚信建设方面，采取了很多措施，取得了很大成效。

我要把诚信的理念带入课堂，用自己的亲身感受，教育我们的学生做一个诚信的人。

偶遇电信诈骗

2020 年 3 月 15 日　星期日

亲身体验：

今天是 3 月 15 日，是我国的消费者权益保护日。今天早上，我在新加坡接到一个陌生电话，电话另一端先是用英语，听到我讲中文，他很快改为中文。他问我的名字，他告诉我，我在××地方消费了 1000 多新币，需要在我的银行卡上扣除。我一听，这是电信诈骗。一是我根本没有新加坡的银行卡；二是也没在那里消费 1000 多新币。

日前，中国驻新加坡大使馆曾提醒我们，近期存在多起电信诈骗事件，提醒我们要注意。没想到在今天让我碰到了。

心灵感触：

虽然新加坡是一个色彩斑斓的文明国度，但这件事，让我感受到一定要提高自我保护意识，增强自我保护能力。身在异国他乡，要多加防范。我也会把这个亲身经历用在我的课堂上，引导学生运用法律，加强自我保护。

感受教育科研方法的魅力

2020 年 3 月 17 日　星期二

亲身体验：

今天我们学习了一天教育科研方法。给我们上课的是程元善博士，程博士早年留学加拿大，学识渊博，讲课幽默风趣，特别是引用的视频片段，我们都很喜欢。我们主要学习了以下内容：

一是操作定义。定义如何对事物或经验进行测量。例如环境对学生的学习会有什么影响？

二是确定如何从概念到测量。

三是变量和常量。变量是在测量中显示出变化，并可赋予不同数值或显示出不同性质的被测量物。如果在测量中没有变化，或者所有个体都是显示出相同的性质或者被赋予相同的数值，则此被测量物被称为常量。

四是测量的不同水平。称名量表，这种测量仅仅以被测量物的性质将其进行划分。顺序量表，将测量物体按大小或量的不同排序。间隔测量，在量表上数字键的差异真实地反映了量的差异，但量之间不具备倍数或比例的关系。比例量表，在量表上的数值可以以倍数，或比例来解释它们之间的关系。

五是评价测量。测量的信度是指测量的可信性，即测量的结果是否能够被相信。测量的效度是指测量是不是真正测量了所要测量的东西，涉及了测量的精确性的问题。

心灵感触：

教育科研方法是一项对教学研究很有价值的方法，对我们进行课题研究会有很大的帮助。我们原来碎片化地学习过一些关于教育科研方法的知识，这次学习，让我们系统地了解教育科研方法，我们要珍惜这个学习机会，用所学到的知识去指导更多的老师从事教育科研，助推我们学校以及全省教育教学的发展。

感受名校长学校管理的魅力

2020 年 3 月 18 日　星期三

亲身体验：

我们这一批赴新加坡读硕士的同学中，有一半是中小学校长。山东省教育厅从第四期齐鲁名校长中遴选 30 名校长，从第四期齐鲁名师中遴选了 60 名教师，分两批赴新加坡南洋理工大学读教育管理硕士。我们是第一批。可以说这些人是山东省基础教育领域的佼佼者。和校长们在一起的时间，感受到他们身上有很多值得我学习的地方。

A校长，很善于用人，善于发现年轻人的才华，善于培养年轻人；善于开拓视野，能够处理好方方面面的关系；善于业务研究，在校长的岗位上，不忘自身专业发展，实现学校管理和自身专业发展的双丰收，值得我们学习。

B校长，善于学习其他更优秀校长的长处，能够很好地与他需要的人打成一片，善于开拓自己的人际关系和视野，能够迅速适应自己需要学习的人，凡此种种，真值得我们学习。

C校长，看着非常厚重，不善于表现自己，有内涵，言谈有素养，能够较好地遵守班里对疫情方面的要求，注重自己的业务学习，对人比较谦和，平易近人，值得学习。

聆听导师的教诲

2020年3月20日　星期五

今天下午，我们与硕士论文导师见面。我和白芳老师、范青林老师的硕士论文导师是陈亚凤博士。

陈博士结合我们的选题，和我们每个人作了交流。我们每个人谈了论文撰写遇到的困难，例如对新加坡教师专业发展不够了解，缺乏相关材料，同时，我们阅读英文资料的能力不足，需要陈博士给予帮助。我们每个人谈了自己的论文撰写的思路。

陈博士结合我们论文题目和困惑，为我们指出了论文的切入点，对我们的题目作了修正。针对我的论文题目，陈博士指出，论文题目不宜过大，要聚焦一个问题，深度分析，要有创新点。陈博士还指出，论文的各个环节之间要存在一定的逻辑性，不能是机械的罗列。针对我们资料贫乏的问题，陈博士表示要给我们提供一些中文资料。

交流后，我对硕士论文的撰写有了初步的了解，也感到了论文撰写的难度。我也感到陈博士学识渊博，做学问严谨。我要珍惜这个机会，充分阅读新加坡教师专业发展的相关资料，构思论文撰写的框架，争取圆满完成任务。

来自远方的指导

2020 年 4 月 14 日　星期二

今天，我收到了我的硕士论文指导教师陈亚凤博士的回信。在信中，陈博士肯定了我的硕士论文框架，同时提出修改建议。

一是如果有大纲的文字描述更好。

二是建议在某一两处与新加坡中学的品格与公民教育、课程辅助活动及社区服务作比较。如此一来，也可当成是到新加坡留学的一个汇报。

同时，陈博士给我提供了她的讲稿《新加坡学校品格与公民教育》的幻灯片，供我参考。

我很感谢陈博士。当前，新加坡新冠疫情比较严重，陈博士心系学生，给我提出了宝贵建议。

我遥祝陈老师健康平安，遥祝新加坡人民早日战胜疫情。

基于育人目标　开发学校课程

2020 年 5 月 15 日　星期五

从今天开始，我们学习《课程开发》这门课。今天给我们上课的是北京师范大学的刘美凤教授。刘美凤教授是博士生导师，研究领域为教育技术学学科建设、学科教学设计与教师专业发展、人类绩效技术、信息技术教育应用等。

通过今天的学习，我懂得了以下知识。

一、了解了课程开发含义

课程,是指为达到学校的培养目标学生所应学习的学科总和、所要参与的各种活动及其进程和安排。狭义上是指显性课程的总和,更狭义的是指某一门课程。课程开发是指通过需求分析确定课程目标,再根据这一目标选择某一个学科(或多个学科)的教学内容和相关教学活动进行计划、组织、实施、评价、修订,以最终达到课程目标的整个工作过程。

二、懂得了学习课程开发的原因

是为了适度整合国家、地方、校本三级课程,探索彰显学校办学特色和学生学习需求的本校课程体系。

三、明白了需要开发哪些校本课程

学校的责任是寻找能使每一个学生达到其最高学习和发展水平,并得到健康成长与发展的条件。

需要开发发挥每个学生潜力,促进学生的个性化发展的课程。需要开发提高教育质量,能够培养符合社会发展要求的人才,能够让学校在稳定与变化中保持平衡。需要开发能够体现学校办学特色,能够开发培养具有特质的人才的课程。需要开发支持学生个性化高质量发展的课程。

开启《教育领导学》的学习旅程

2020 年 10 月 2 日　星期五

今天,我们开始学习《教育领导学》。这是我们读硕学习的第三个阶段。这一阶段,按照省里最初的计划,我们应该再回新加坡学习,但是由于疫情,本阶段的学习改为网课。

今天是学习的第一天。通过网络,看到班主任刘星老师,看到给我们上课的张延明博士,看到南洋理工大学的校园,我们既感到兴奋,又感到亲切。

今天上午，我们主要学习了两部分内容。

第一部分是教育领导学的研究。教育领导学研究的内容包括：领导个人特质、领导行为以及风格、权力—影响、社会学、心理学、行政管理等。

我知道了校长的主要领导作用，就是明确并培植任何能够推进学校目标的主张、进取的行为及努力。学校领导是个发动员工、流通资源的过程，旨在直面并解决棘手的问题，使学校朝着既定的机构、社会和公民目标前进。

我了解了五动力来源理论，象征、文化、教育、人力、行政。知道了学校文化凝聚着学校成员共享的哲学、价值观、信仰、期待、态度和行为规范共同体。

第二部分是校长的专业化学习。我了解了校长的专业要求。美国高效率校长要有 10 项专业要求。要有心理学知识，要有社会学知识，要懂得课程、教学法，用好配套设施，处理好工作关系，处理好学生事务，加强公民教育，要有影响力，要有个人理念与领导方法，要熟悉工作内容。

学习《新加坡教育政策》（一）

2020 年 10 月 13 日　星期二

今天，我们开始学习《新加坡教育政策》。主讲符传丰是复旦大学中文博士，香港大学哲学硕士，新加坡大学荣誉学士，前德明政府中学校长，现任新加坡华文教研中心院长。

新加坡非常重视教育。新加坡强调协作精神、创新精神与企业精神的培养。情绪管理在学校管理中非常重要，在新加坡，有时故意让学生经历失败。新加坡实施双语政策，英语为主要语言。

新加坡中考，考期为 3 个星期。新加坡的高考，考期为 3 个星期。

新加坡教育部的愿景：重思考的学校，好学习的国民。使命：塑造新加坡的未来。因为新加坡的人口很少，必须重视人才的培养。

新加坡考鸦片战争的题材：给你三份材料：报纸的报道，一个经历了鸦片战争的人的手稿。问题：你感到哪一份资料最可靠？分析原因。

新加坡的教育强调：因材施教，发挥所长。跨学科学习，培养团队精神，鼓励学生勇于开拓，勇于尝试，不怕失败。培养创新、创业精神；树立世界观，面向世界，开拓视野。

符传丰博士推行一个学生一部手提电脑，比新加坡教育部早好多年。新加坡提倡教师到企业去学习，听企业的老板谈如何做产品的营销。2007年开始，新加坡很多学校和中国建立姊妹关系，德明中学每天会有学生来参观。

2016年，开始减轻学生负担。新加坡因为有了网络教学，才不会停课。

和新加坡的符教授交流中得知，新加坡从2019年开始，取消中一年级的年中考试。

学习《新加坡教育政策》（二）

2020年10月13日　星期二

今天下午，我们继续学习《新加坡教育政策》。

一、从政策到实践

符传丰博士说，"播放学生中一、中二时候参加各种活动的比赛视频"，并鼓励他们说："你们参加比赛，让全世界人都知道你们会跳舞，你们为国家争光；那么你们也要让人们知道你们的学习成绩很好。"

二、教师职业发展与培训

新加坡学校开展教学实践，初级教师接受系统性督导，形成"专业学习圈"，开展教研工作。新加坡评特级教师、高级教师，也在学习中国的集体备课制度。

三、21世纪的教学

21世纪学校领导的风范。符传丰博士推荐周健的著作《走向核心素养的新加坡教育》。

四、符传丰教授介绍自己的成长经历

符教授说，他把学生当成一个人。在新加坡，犯错误的学生，是可以打屁股的，只要他们做错事，经学校讨论决定，是可以打屁股的。但是在打他屁股的时候，要注入爱心。例如：翟涛同学犯错了错误，违反了校规，要问他：你知道你违反校规了吗？学生说知道。然后让学校选择什么时间、什么地点打，在打学生的时候，要用文件夹保护好学生的骨头，只打皮肉。打学生一鞭子，要给学生一个拥抱，给学生一杯水，给学生心理疏导和安慰，让学生感受到这是对他的爱。然后通知他的家长。

在新加坡，当上副校长，就可以不上课。但是，符传丰校长一般去到那些最难管的班级做班主任。

附录：从专业成长走向生命成长
——一位初中道德与法治老师的成长

在我的心中有一个梦想，就是当一名好老师。1994年7月，我大学毕业，实现了自己的夙愿，当上了一名初中思想政治教师。1994年7月至今，一直从事初中思想品德教学工作，多年从事班主任、年级部主任、教学教研管理、区兼职教研员等工作。"宁静的沉思，执着的追问，潜心的创造，从容的生活。"这是我信奉的格言。

一、立足本职，执着坚守

一是以身示范。1994年，我被分配到里则二中工作。我要求学生不迟到，我坚决不迟到。从住处到学校的路程，全是乡间小路，天好的时候，一路尘土；天不好的时候，一身泥巴。下雨天，自行车也不能骑，只好步行，步行需一个半小时，当满身泥水到达学校时，当看到学生也准时到校时，我觉得无限的欣慰。在这条路上，我坚持了17年。

二是加班加点。参加工作至今，绝大部分时间在毕业班一线工作，加上临近毕业的学生报名考试工作和上级的检查，有时一个月没有一天休息时间。

2011年在树人学校工作，我担负着6个班的思品课，一个班的班主任，分管教务处的大量工作。2012年，我顺利通过开发区遴选考试，调入开发区一中工作。调入开发区一中后，我担负着跨年级的四个班的课，同时兼任班主任、年级部主任、教务处部分工作。2013年以来，为了培养学生的良好的学习习惯，加强对学生的监护，每天中午午休期间，坚持和学生在一起，利用这个时间和学生交流，累了就趴在教室的桌子上休息一会儿。多年来，加班加点成为我工作新常态，每天早来晚走，每天工作在12个小时之上。

四是勇担责任。任务就是命令，命令就是责任，责任重于泰山。负责互联网＋教师专业发展工程教师研修工作，自2015年开始，义务为全区老师做好技术、业务支持。负责学校学籍管理工作四年，不管节假日与否，随叫随到。负责班主任工作，坚持做到早晨7:00到校，中午陪学生午休，维持纪律，下午目送最后一个学生离校。我坚持不迟到，不早退，从不因私事给学生耽误一节课。

二、真情育人，奉献爱心

从1995年开始，我便担任毕业班的班主任，工作二十六年，担任班主任二十三年，从事毕业班教学二十二年，历年成绩优异。我始终坚持不让一个孩子掉队的理念，在从事班主任工作23年时间里，致力于建设幸福班集体。我热爱自己的学生，尊重他们的人格，从不因学生家庭背景、学习成绩的差异而歧视谁、偏爱谁。对待学困生和留守学生，我总是特别的留心，特别的关注，特别的呵护。每届毕业班的成绩在全镇乃至全区名列前茅。今天仍是班主任工作战线上的一名老兵。

自2012年以来，致力于探索基于提升学生核心素养的"三化"班级管理模式，核心理念是"伙伴、激情、魅力"，打造"伙伴"七·一，"激情"八·一，"魅力"九·五，"制度化管理"，提高了学生民主法治意识和能力；"人文化管理"，培养了学生健全人格，提升学生核心素养。"个性化管理"，对学生因材施教，培优补差。打造幸福班级，开展幸福活动，培养幸福学子。

不让一个孩子掉队。2012年，我班有个胡照阳同学，初一，基础很差，我对他决不放弃；初二，我组织老师和他结对，他有了进步；初三，我定期对他进行理想教育，他又有了进步，进入年级前200名；最后考入一所理想的高中。2013年，我担任班主任期间，班里的杨立军同学，既是一名特殊家庭的孩子，又是一名留守儿童，自己在四通租房子住，他的家长到外地打工。为了这个孩子能够健康成长，在关心该学生的同时，摆事实、讲道理，反复做该学生家长的工作30余次，劝其回到孩子的身边，切实担负起家长应尽的家庭保护的责任。

三、潜心研究，硕果累累

一是教研成果丰硕。26年的教学生涯中，我一直坚持在教学第一线，专注于课程建设和教学改革。基于学生，基于生活，基于课标，积极探索初中道德与法治体验性教学方式，让核心素养之花在道德与法治课堂绽放。近年来，多次在全市执教公开课。2017年所执教微课，获得山东省一等奖。所主持省级课题《思想品德回归生活实践研究》《课堂教学渗透社会主义核心价值观研究》顺利结题。2017年，主持省级课题《基于提升学生和心素养的初中思想品德教学方式研究》被山东省教育科学规划办立项为省级课题，正准备结题。

近年来，我先后在《思想政治教学》《中学政治教学参考》等核心期刊，《时事政治报》《中学时政快递》等报纸杂志发表文章近50万字。完成教学专著《寻找教育的真谛》，还担任了《没有天生的坏孩子》《中考中国梦》《热点考点模拟题》等书刊的副主编、编委。

近年来，我还带领区名师工作室成员以"三生"道法教学为研究课题，从课程、教学、评价等多个维度对"三生"道法教学进行更加系统深入的研究。近年来，在当地教育部门、学校领导及专家的大力支持与指导下，李道强带领团队，对"三生"道法教学展开系统而深入的研究。我提出了"三生"道法教学。"三生"即"生活、生态、生本"，要求基于生活、尊重规律，以生为本，为学生的幸福和发展奠基，落实立德树人根本任务。

二是教学成绩优异。2011—2012第二学期期末考试中，我所教班级教学成绩远远超过滨城区同类兄弟学校。2012年、2013年、2014年我所执教思品成绩以及所担任班主任班级成绩，均位居全校12个班的前列。2015年我所执教毕业班思品成绩位居全区第一，我所担任班级中考升学人数位居全校同类班级之首。2016—2017学年度，我所教学科成绩和所担任班主任班级总成绩均居本学校年级第一。我所任教的滨州经济技术开发区有多位教师荣获省市级奖项，全区的初中道法教学学科发展成效显著。其中，2019年，全区初中道德与法治学科中考成绩在全市名列前茅。

三是获得各方认可。近年来，先后被评为山东省特级教师，首届滨州名师，滨州市十佳名师，滨州市教学能手，滨州市学科带头人，滨州经济技术开发区劳动模范，滨州经济技术开发区先进教育工作者。

四、加强协作，示范引领

一是强化协作，组团发展。首先，积极推进开发区—滨州实验学校思想品德学科教研共同体建设，实现区域教研一体化，推进全区初中思品学科教师专业发展。其次，积极加入滨州市教师发展联盟，推进学校教师专业发展。2017年5月，在山东省第二届教师发展论坛上，我作为滨州市代表作典型发言，介绍引领教师专业发展的经验。第三，加入滨州市名师工作室，及时向我区教师提供优秀的教学资源。

二是搭建平台，助力成长。我积极指导年轻教师专业成长，指导老师获冯辉、游花叶等教师在全市执教公开课，指导杨建芬老师参加全国说课大赛，并获得一等奖。2012年以来，和思品教师一起，完成省级课题3项。2018年，惠芳老师执教的课例在全市获得一等奖。

五、持续学习，放飞梦想

2010年，我参加了国培计划初中思想品德骨干教师培训，成绩优异。2011年全省的远程研修，4篇作业被省专家推荐，2篇教育感言被省课程简报采用，关注度位居全省前列，被评为山东省远程研修优秀学员。2012年，参加山东省义务教育骨干教师培训，所撰写体会《思想的碰撞 智慧的分享》被山东教师教育网采用。2013年、2014年、2015年参加山东省远程研修，多篇文章被省专家推荐，并连续被评为山东省优秀学员。2012年，被评为山东省远程研修优秀指导教师。

2020年1月3日，带着对祖国的眷恋，带着领导的厚爱，带着亲人的嘱托，我们乘坐飞机来到新加坡南洋理工大学攻读教育管理硕士，踏上了一条充满挑战和艰辛的海外求学之路。南洋理工大学是世界著名学府，我们就读的国立教育学院（NIE）。根据《山东省教育厅关于实施齐鲁名师、齐鲁名校长建设工程人选新加坡教育管理硕士培养项目的通知》（鲁教师函〔2019〕30号），面向第四期齐鲁名师建设工程人选、第三期齐鲁名校长建设工程人选遴选90人，分两批赴新加坡南洋理工大学国立教育学院攻读教育管理硕士。我们是第一批，包括齐鲁名师、齐鲁名校长工程人选48人。

六、蓦然回首，砥砺前行

回首走过的工作历程，结合所学的方艳萍博士的课程，我想用布鲁纳问题解决"五元素"叙事构成勾勒出关键事件，用"叙事三维空间模型"深挖关键事件的意义。

2012年，我参加了2012年的全区的教师公开遴选，以一名政治老师的身份考入目前的单位，这是我工作生涯发生转折的一个关键事件。

（一）用布鲁纳问题解决"五元素"叙事构成勾勒出关键事件

人物：李道强，性格不属于内向，也不算外向，做事风格比较急躁，比较爱表达自己的内心感受等。

场景与互动：特定时间和地点中人物的互动：2011年，在原单位工作，现单位面向全区招聘一名政治老师。

问题与麻烦：在树人学校工作比较顺手，得到领导的认可，领导不愿意我走，但是母亲年龄偏大，需要我照顾，希望我考回来。

行动及发生过程：故事的发生进程和变迁：我的思想斗争很激烈，几天内拿不定主意。我的材料、面试成绩优异。我最终决定到现单位报到。但是，放弃了原来分管的教学等相对顺手的工作。2012年9月，在现单位，当了一名普通的思政老师。

结果：问题得以解决：由于我善于思考，教学成绩优异，2013年春，学校把我调到教务处分管部分教研工作，从此走上教学研究的道路。

对叙事的感悟：叙事像生活一样，是一个持续不断的展现，今天叙事的洞察是明天要先后发生的事件。我们是故事中的人物，他人变成我们故事中的人物。我们从故事里建构意义。我们讲述给他人我们的故事，是在讲述中我们构建和再构建着对生活的指导意义。

（二）用"叙事三维空间模型"深挖关键事件的意义

时间：2012年

背景：我参加了2012年的全区的教师公开遴选，以一名政治老师的身份考入目前的单位，我原来最熟悉的工作全部放下。

地点：开发区一中

社会互动：2012年秋天，竞选年级部主任成功。2013年的春天，因为成绩优异，被调入教务处分管部分教研工作。

2012年的全区的教师公开遴选，我以一名政治老师的身份考入目前的单位，我将原来最熟悉的工作全部放下。这对我影响很大，让我以从事行政事务性的工作为主，转向教学研究和管理工作同步发展的轨道，从而成就了自己专业的发展。

七、不忘初心，心怀感恩

感恩课程，是它涵养了我的教育之根，
感恩学生，是他们提升了我的人生价值，
感恩学校，是她给我厚积薄发的支点，
我的成长，离不开各级领导们的关怀，
我的进步，离不开全校老师们的支持。

面对现实，清醒地看到我的工作还存在很多问题。展望未来，信心满怀。我要基于学生核心素养搭建智慧平台，助推教师专业成长，引领学生走上来；我将不忘初心，继续前进，为建设美丽、开放、和谐的开发区教育而努力！

我深知，是执着的追求给了我厚积薄发的支点；是对教育的挚爱，使我成了一名合格的人民教师。我要像一头永远不知疲倦的老黄牛，在教育事业的广阔天地中不停耕耘，我和所带领的教师团队，将立足本职，执着坚守，努力从专业成长走向生命成长。

后　记

　　学习永远在路上，我要做个爱学习爱思考的老师。学习和思考需要铭记和分享，于是我静下心来，笔耕不辍，一路前行，做教育教学的农人！《学记——从专业知识到教育智慧的实践探索》一书，正是源于我对教育教学的思考，也是我广博地学习、详细地询问、慎重地思考的见证，更是本次新加坡国际研学的一个总结。

　　把握教学规律，学习异国经验。精益求精，追求极致。当自己的点点滴滴思考即将汇集成册时，我想在此感谢支持我、关心我专业成长的各位领导，各位同仁，我不会忘记他们的关心和支持。

　　感谢山东省教育厅、滨州市教育局、滨州经济开发区教育局领导为我提供各种专业学习机会，为我的专业成长搭建良好平台。

　　感谢我的家人。入选这次学习，我面临很大的家庭困难，就是86岁高龄的母亲卧床不起，需要人照顾。正值发生新冠疫情，妻子在家购物买菜，替我照顾卧床不起老母亲，照顾还在上高中的孩子，还要上班，尽职尽责，忙忙碌碌。

　　在此，特别感谢李晓东先生（北京师范大学大中小学德育一体化国家教材建设重点研究基地副教授，普通高中思想政治课程标准修订组核心成员，统编初中道德与法治教材分册主编）在百忙之中为本书倾情作序，为本书增添了一道亮丽的色彩，作为一个一线教师备受鼓舞。

　　我想说，是您们激发了我内在的潜能，让我一边教书，一边向美，让我遇见不一样的自己。

　　我是一名普通的初中道德与法治教师，书中的内容若能够给教育一线的老师们带来点滴的启发与借鉴，那是我最大的欣慰。

　　书中援引的个别文献资料，未能一一注明出处，敬请见谅，诚挚感谢原作者。由于水平有限，虽反复求证，书中错误难免，敬请批评指正。

立己达人，育人育己。我正用心地行走在追逐的路上，做教育教学的思考者、实践者、创新者，让师生看见彼此生命的拔节成长。

李道强

2021 年 2 月